中国农村专业技术协会科技小院联盟丛书

科技小院

青年学子新时代逐梦随笔

黄晓曼　徐驰　邢玥　等著

化学工业出版社

·北京·

内容简介

《科技小院：青年学子新时代逐梦随笔》是由长期驻扎科技小院的38位研究生共同编写完成，主要记录了他们在科技小院开展科技创新和社会服务的实践过程和感悟，他们用行动证明了自己的价值，也向农户、企业、政府部门展现了新时代农业院校研究生的风采。

本书适合有志于深入基层实践的在校青年大学生了解"三农"，也适用于高等教育从业者和研究者了解新形势下农业院校人才培养新模式。

图书在版编目（CIP）数据

科技小院：青年学子新时代逐梦随笔/黄晓曼等著．—北京：化学工业出版社，2021.2（2024.4重印）
（中国农村专业技术协会科技小院联盟丛书）
ISBN 978-7-122-38188-0

Ⅰ.①科… Ⅱ.①黄… Ⅲ.①农业技术-科技服务-中国-文集 Ⅳ.①F324.3-53

中国版本图书馆CIP数据核字（2020）第241787号

责任编辑：傅四周　李建丽　　　　　装帧设计：王晓宇
责任校对：赵懿桐

出版发行：化学工业出版社（北京市东城区青年湖南街13号　邮政编码100011）
印　　装：北京建宏印刷有限公司
710mm×1000mm　1/16　印张16　字数200千字
2024年4月北京第1版第2次印刷

购书咨询：010-64518888　　　　　　　售后服务：010-64518899
网　　址：http://www.cip.com.cn
凡购买本书，如有缺损质量问题，本社销售中心负责调换。

定　　价：68.00元　　　　　　　　　　　　　版权所有　违者必究

中国农村专业技术协会
科技小院联盟丛书

编委会

主　任：**张福锁**（科技小院联盟专家委员会主任/中国工程院院士）

副主任：**张建华**（科技小院联盟理事会理事长）

委　员：（按姓氏笔画排序）

　　　　王　冲　　王　诚　　王西瑶

　　　　王安平　　朱朝枝　　刘翠权

　　　　李树宝　　李晓林　　吴瑞建

　　　　邹知明　　赵勇钧　　黄英金

　　　　梁纯平

丛书序言

为了应对我国农业面临的既要保障国家粮食安全，又要提高资源利用效率、保护生态环境等多重挑战，促进农业高质量绿色发展，同时解决科研与生产实践脱节、人才培养与社会需求错位、农技人员远离农民和农村等制约科技创新、成果转化和"三农"发展等问题，2009年，我们带领研究生从校园来到农村，住到了农家小院，与"三农"紧密接触，针对农业关键问题开展科学研究，解决技术难题；科技人员"零距离、零门槛、零费用、零时差"服务农户和生产组织，以实现作物高产和资源高效为目标，致力于引导农民采用高产高效生产技术，实现作物高产、资源高效、环境保护和农民增收四赢，逐步推动农村文化建设、农业经营体制改革和农村生态环境改善，探索现代农业可持续发展之路和乡村振兴途径。逐步形成了以研究生常驻农业生产一线为基本特征，集科技创新、社会服务和人才培养三位一体的"科技小院"模式，收到了良好效果，引起了社会各界关注和积极评价。

中国农村专业技术协会（简称中国农技协）受中国科协直接领导，是党和政府联系农业、农村专业技术研究、科学普及、技术推广的科技工作者、科技致富带头人的桥梁和纽带；是紧密联系团结科技工作者、农技协工作者和广大农民，深入开展精准科技推广和科普服务，积极推动农民科学素质的整体提升，引领农业产业发展，服务乡村振兴的重要力量。为了更好地发挥高校和科研院所科技工作者服务三农的作用，2018年中国农技协成立了科技小院联盟。它是由全国涉农院校、科研院所和各省农技协在自愿的基础上共同组建的非营利性联盟组织。联盟以中共中央办公厅、国务院办公厅印发的《关于创新体制机制推进农业绿色发展的意见》《中共中央　国务院关于实施乡村振兴战略的意见》《乡村振兴战略规划（2018—2022年）》《中共中央　国务院关于加快推进生态文明建设的意见》为指导，以"平等互利、优势互补、融合创新、开放共赢"为原则，整合涉农高校、科研院所、企业和地方政府等社会优质资源，加快体制机制创新，构建"政产学研用"紧密结合推动农业绿色发展和乡村振兴的新模式，全面服务于国家创新驱动发展战略和三农发展，在服务农业增效、农民增收、农村绿色发展的进程中发挥重要作用。科技小院联盟成立以来，在科协的组织领导下，一批涉农高校研究生驻扎到三农一线，充分调动了专家导师、科技人员（研究生）和当地政府、农技协、农业企业、农民专业合作社、农民群众的积极性，实现零距离科技对接，零时差指导解决，零门槛普惠服务，零费用培训推广，对推动农业产业发展效果显著。

目前，中国农技协科技小院联盟分别在四川省、福建省、江西省、广西壮族自治区、河北省、江苏省和内蒙古自治区等地建立了40多个科技小院，已有中国农业大学、四川农业大学、福建农林大学、江西农业大学、内蒙古农业大学、广西大学等学校派出的一批研究生入住科技小院，有关省和自治区的研究院所的科技专家以及各级科协组织也积极参与到科技小院的共建之中，强化了对科技小院依托单位的科技支撑，显著促进了产业发展和科学普及。

中国农技协科技小院建设创新了农技协的组织模式，增强了农技协的凝聚力，提高了农技协的服务能力，提升了农技协的组织力和社会影响力，成为科协组织服务乡村振兴的有力抓手，展现出科技小院汇集各方科技力量、助推农业产业发展、促进乡村振兴的巨大潜力。为了及时总结交流中国农技协科技小院联盟在科技创新、技术应用、人才培养和科普宣传等方面取得的进展和成果，更好地服务农业产业发展和乡村振兴，中国农技协决定组织出版"中国农村专业技术协会科技小院联盟丛书"。相信该丛书的出版会激励和鼓舞一大批有志青年投身"三农"，推动农业产业发展和乡村振兴。

最后谨代表丛书编委会全体成员对关心和支持丛书编写和出版的所有同志们致以衷心的感谢。

张福锁

中国工程院院士

中国农业大学教授

前言

2018年，在中国科学技术协会的大力支持下，中国农村专业技术协会科技小院联盟正式成立。科技小院联盟是由全国涉农院校、科研院所、各省级农技协以及各地科技小院在自愿、合作的基础上共同组建的非营利性联合组织。成立至今，联盟研究生联合会已有近80位研究生加入。除进行阶段性总结外，科技小院联盟还通过汇编日志月刊等工作，记录研究生们驻扎科技小院期间的所见、所闻、所思、所想，展示科技小院研究生们的工作和生活。

为更好地展示研究生们在科技小院的成长历程，在中国农村专业技术协会及各级科协部门的共同支持下，属于中国农技协科技小院学生的科技小院故事——《科技小院——青年学子新时代逐梦随笔》一书终于与大家见面了。本书是由驻扎科技小院的研究生共同编写完成的，主要记录了我们在科技小院开展科技创新和社会服务的实践过程和感悟，我们用行动证明了自己的价值，也向农户、企业、政府部门展现了新时代农业院校研究生的风采。

离开学校，走向田野的我们，需要面对的不仅是灼人的烈日，陌生的异乡环境；迎接我们的，还有来自农户的质疑，实践经验不足的窘迫。我们都没有退缩，而是选择戴上斗笠，拾起被冷落一旁的理论知识，向有经验的农户学习生产种植，将理论知识与实践经验相结合，怀抱初心，将真正能用于实践的技术进行宣传推广。在这个过程中，农户成了我们的朋友，甚至成了一家人。山野之中，我们在科技小院的舞台上尽情地发光发热，用脚步和热情，丈量爱与成长。在科技小院这块肥沃的土地上，我们挥洒汗水、努力奋斗。未来不论我们身处何处，走向何方，也都将延续科技小院传承下来的精神，砥砺前行。

此书得以出版，要感谢中国农村专业技术协会的经费支持，感谢各省农技协、科协、高校、企业等科技小院相关单位的支持，特别感谢中国农业大学张福锁院士、李晓林教授的悉心指导，感谢研究生联合会全体同学，感谢驻扎在科技小院的研究生们的辛勤付出。

由于作者水平有限，书中难免存在不足之处，恳请读者批评指正。

著者

2020 年 9 月

目录

第一章
粮食作物类科技小院　　　　　　　　　　　　　　/ 1

中国农村专业技术协会河北曲周小麦科技小院　　　/ 3
　　　　"宿"乡土逐凤梦　　　　　　　　　　　　/ 4
中国农村专业技术协会江西上高水稻科技小院　　　/ 15
　　　　稻香飘，幸福收　　　　　　　　　　　　/ 16
　　　　上高研始，勇往向前　　　　　　　　　　/ 21
　　　　光荣"使命"　　　　　　　　　　　　　　/ 25
　　　　初遇科技小院　　　　　　　　　　　　　/ 29
中国农村专业技术协会四川布拖马铃薯科技小院　　/ 33
　　　　等等啊，我的青春　　　　　　　　　　　/ 34
　　　　时光不负有心人　　　　　　　　　　　　/ 40
　　　　有意义，也要有意思　　　　　　　　　　/ 44
　　　　初心印记　　　　　　　　　　　　　　　/ 49

第二章
经济作物类科技小院　　　　　　　　　　　　　　/ 57

中国农村专业技术协会福建三明兰花科技小院　　　/ 59
　　　　爱"兰"说　　　　　　　　　　　　　　　/ 60

科技小院、兰花与我的缘　/66

与兰共舞　/71

我的"初恋"　/75

中国农村专业技术协会福建连江官坞海带科技小院　/81

海带与我的青春　/82

海带之缘　/87

中国农村专业技术协会福建平和蜜柚科技小院　/93

我的"知青"岁月　/94

"柚"你更"镁"　/102

我的"考古"旅程　/109

"柚"多"柚"美　/121

走进平和，守望柚乡　/125

中国农村专业技术协会福建闽侯青梗菜科技小院　/133

遇上"你"是我的缘　/134

中国农村专业技术协会福建建瓯闽北乌龙茶科技小院　/139

理论到实践的跨越　/140

中国农村专业技术协会四川会理石榴科技小院　/145

科技花朵的成长　/146

中国农村专业技术协会四川安岳柠檬科技小院　　/ 151
　　我与柠檬的故事　　/ 152
中国农村专业技术协会四川蒲江果业科技小院　　/ 157
　　纸上谈兵终觉浅　　/ 158
中国农村专业技术协会江西修水宁红茶科技小院　　/ 163
　　茶海沉浮谓之"缘"　　/ 164
　　与茶苗共成长　　/ 170
中国农村专业技术协会江西赣州食用菌科技小院　　/ 175
　　我事业开始的地方　　/ 176
中国农村专业技术协会广西隆安火龙果科技小院　　/ 183
　　香蕉不拿啦（banana）　　/ 184
　　那些年奉献给"刺美人"的青春　　/ 189
中国农村专业技术协会广西环江油茶科技小院　　/ 195
　　改变现状　　/ 196
　　面朝沃土，梦向蓝天　　/ 201
　　三顾环江　　/ 205
　　资源的综合发酵　　/ 209

第三章
畜禽水产养殖类科技小院　　　　　　　　　　/ 215

中国农村专业技术协会江西安远蜜蜂科技小院　　/ 217
　　　大自然的搬运工——蜜蜂　　　　　　　　/ 218
中国农村专业技术协会江西彭泽虾蟹科技小院　　/ 223
　　　彭泽虾蟹的"史诗"　　　　　　　　　　/ 224
中国农村专业技术协会四川眉山鹌鹑科技小院　　/ 229
　　　小身体蕴育大智慧　　　　　　　　　　　/ 230

第四章
特殊时期，特殊的我们　　　　　　　　　　　/ 235

中国农村专业技术协会河北曲周小麦科技小院　　/ 237
　　　疫情之下的异乡春节　　　　　　　　　　/ 238

第一章
粮食作物类科技小院

中国农村专业技术协会
河北曲周小麦科技小院

> 再往里走是一面白底的墙，白得像极了我的青春。而在这白墙上蓝色的中国农业大学校训"解民生之多艰，育天下之英才"几个大字非常醒目，校园精神赫然在我的心中跳动着。这是我们一代代农大人的使命，也是我的夙梦。
>
> ——叶松林

"宿"乡土逐夙梦

叶松林❶

2018年6月27日，办理完最后一项离校手续，结束了四年的大学生活，我离开了母校——河南工业大学的校园。原本，我与同窗相约，这个暑假要游遍祖国河山，纪念本科青春而自由的四年。就在背起行囊的那一刻，我突然收到一封不期而遇的邮件。发件人是我即将步入硕士阶段深造的学校——中国农业大学，但邮件内容却不是我期待的："请已考入中国农业大学科技小院专业的准研究生，自愿报名参加科技小院硕士入学前新生培训。"说是"自愿"，实则"必须"，这个潜规则我自然明白。但心中仍不舍原本已经做好攻略的暑假旅行计划，就此搁浅作罢，真是令人惆怅又无奈。就这

---

❶ **叶松林**，河北曲周小麦科技小院成员，来自河南杞县，23岁，本科毕业于河南工业大学，机械设计制造及其自动化专业，现为中国农业大学2018级硕士研究生，师从李晓林教授，研究方向为农机与农艺结合的探索与应用。

样"被自愿"地去了解科技小院，也开启了我两年多宿于乡间开展科研试验、技术推广与社会服务等工作的日子。

初心所向，离京入村

2019年3月，我独自一人拉箱背包从繁华的北京再次来到位于河北省曲周县第四疃镇的王庄村——中国农村专业技术协会河北曲周小麦科技小院所在地。这已不是我第一次来这里，如果说前一次2018年暑假新生入学培训时我还有退路，那么这一次却是我执意前往了。曲周小麦科技小院坐落在村前街的一条胡同里，这条胡同因两侧墙壁贴有小麦、玉米等作物田间管理技巧的科普宣传展板而被命名为"科技胡同"，胡同左侧第一户便是科技小院。院门左侧有块绿字枣色打底的木牌，上面镌刻着"中国农村专业技术协会河北曲周小麦科技小院"。这是一个典型的华北农家院，踏进科技小院大门，迎面墙的右侧蓝底白字的展牌上写着王庄科技小院的建院历史与发展概况。科技小院宿于乡土已十年有余，每一届的老师、师兄师姐都在这里辛勤地耕耘，在这片土地上洒下他们的汗水，也留下了他们的踪迹。再往里走是一面白底的墙，白得像极了我的青春。而在这白墙上蓝色的中国农业大学校训"解民生之多艰，育天下之英才"几个大字非常醒目，校园精神赫然在我的心中跳动着。这是我们一代代农大人的使命，也是我的夙梦。走进院子，听到村民正在会议室里和师兄聊天，科技小院里的会议室一般是科技小院的老师、学生与农民座谈和开展农民培训的地方。此时屋里正是王怀义大爷和赵向阳师兄在聊小麦春季追肥的事。王大爷与科技小院的渊源颇深，20世纪70年代，王大爷曾与老一代农大人石元春院士、辛德惠院士等一同在王庄进行改土治碱工作。2010年，也是王怀义大爷重新把农大师生请到了村里建立了科技小院，他也将是我在科技小院最亲近的人。

"小伙子叫什么名字？谁的学生呀？做哪一方面工作？"

"我叫叶松林，李晓林老师的学生，我本科是机械专业的，来做小麦玉米全程机械化和智慧农业的工作。"

王大爷听到我要做机械化和智慧农业，很感兴趣，便热情地和我交谈起来，但当我开始描述我要做的事之后，大爷的神情有些许变化，口中虽说着："机械化好呀，智慧农业好呀！"但我也看出了大爷对我这个毛头小子的质疑。我有些不服气，暗想："不就种地嘛，那么多复杂的大机器我都搞定了，还怕种地？"聊着聊着，有喇叭声响起，这时候我才发现赵向阳师兄正在会议室里广播，大喇叭就在科技小院的房顶上，师兄正向全村讲解刚刚他和王大爷聊的小麦追肥的技术要点。刚来的第一天晚上李老师就给我打了电话：

"一个人就从北京跑了，到村里你能了解三农吗？干不成了给我打电话！"

我说："老师您放心吧！能干成，不给您打电话！"

心绪起伏，磕绊前行

当我满怀信心甩开膀子准备大干一场的时候，事情的发展却不是我想象的那样顺利。2019年玉米播种期，我引进了一台玉米免耕精量播种机，准备给村里的合作社使用。播种时，正值晌午，天气很热，我回到了科技小院歇息，刚坐下来，就听到了王大爷喊我："松林，你那个播种机不行！"我心里一慌，赶紧来到地头，一看，我原本设计好的机械功能到了真正的田间地头，却直接"抛锚"了。晚上回去后我一直围着院子转圈思考白天发生的事，也终于明白了农机农艺结合的重要性。不得已，我只好请我的指导老师中国农业大学米国华教授出面，将播种机专家苗全老师从东北请了过来。那段时间我的内心十分羞愧，为了更深入了解田间问题，我每天和农民一起早上四点半起床，晚上十点半才回到科技小院。王大爷再见到我时拍着我肩膀说："跟咱农民一块干十天活儿，松林和来曲周的非洲留学生肤色差不多了！"

虽说是调侃，但我也看出了王大爷对我的关心以及对我早出晚归和农民一起劳动的认可。乡土的磨砺不但改变了我的肤色，我也变得自立自强起来。学会了做各式各样的家常菜和面食糕点，成了名副其实的王庄科技小院厨师。我也时常俯下身来向我身边的种植能手、合作社理事、农民土专家虚心学习。半年时间过去，当我在科技小院的生活和学习都非常顺利，想去探索一些新事物，为基层农民做更多贡献的时候，却发现，乡土社会并不是我想象的那样简单。

农业机械化的推进离不开现有机械的升级。为此，在2019年秋粮收获时，我调来了升级版的信息化加成的玉米收获机和灭茬机。这一方面可以降低本村农户收割玉米的成本，另一方面也可以解决很多现实问题。想到这里，顿时我的信心和动力倍增。这种两边都得利的事情，农民应该不会拒绝吧？但事情的发展却出乎我的意料。这次遭遇的障碍并非技术问题，而来自乡土社会。我做梦也没有想到原本关系融洽，看起来和善可爱的农机手竟会发出言语威胁。由于双方注重的利益点不相同，我的善意举动并没有换来同等的回馈，我在意的是村里长久的收割以及秸秆还田技术的改进，而农机手在意的却是他能否在今年的收割中多收割几块地。因为要协调各个方面，我每天打电话的时间加一起超过了5个小时。其实还远不止全程机械化收获这件事，科技小院的其他工作都在同步推进，我已经忙得不可开交。那几天我真是感觉压力袭上心头，甚至力不从心。晚上实在忍不住，我便向李老师求救了。李老师帮我仔细分析了问题，并提供了解决方案供我选择。第二天我对收获计划进行了调整：以合作社为主，农户为辅，这样既能做科研测试，又可以照顾到各方利益。也是那天晚上李老师跟我讲："到今天，你才开始感受到什么是三农。"

是的，农业新技术在下乡的时候，总会受到乡土社会固有的人情世故乃至原有秩序的影响，需要小心处理。能在农民在意的关键点与我们的技术进入方式之间找到平衡，是每个做技术推广的人都需要提前做好的思想准备。

在过去一年的科技小院生活中，最令我记忆深刻的是每次在农户家里吃饭的时候。我坐在小马扎上，幽暗的灯光却能把每个人的脸照得很清晰，似懂非懂的方言越听越入耳，就着可口的饭菜，我们偶尔还会和农户小酌两杯。这个时候我才知道，乡土社会的丰富度远远超乎我的想象。而这一年的锻炼也使我得以顺利融入乡土，接任科技小院院长这责任重大的一职。

夏粮丰收，梦想初成

2019年的夏玉米收获前，王大爷就一直在跟我讨论小麦的种植问题。他说："松林，咱现在能用农机农艺结合的技术把优质麦做成高产的吗？让小麦多挣钱！"

大爷的一番话也让我开始重新思考整个小麦-玉米种植体系存在的问题。经过与科技小院指导老师们的深入讨论，我打算创新整个种植技术规程，从播种到收获，迈向农机农艺结合的全程机械化。正当我准备按部就班往下做的时候，2020年初疫情的出现阻碍了我三个月，在这期间我也看不见苗情，合作社的俊山叔急坏了，打电话给我："松林你也来不了，浇水施肥咋整？"这些新情况和新问题的出现一时难住了我。还好科技小院的王晨珲同学是做遥感技术方向的，我想或许这是一个路径，可以破解空间距离的阻碍以实现实时观测苗情。有了晨珲同学的配合，我们很快就将可行的解决对策反馈给了村民以及合作社。俊山叔说："现在这天上的卫星都可以监测苗情，教咱灌水施肥了！这个技术好，坐在家里就能看地里的苗情，这不仅能看咱们合作社的地，还把整个曲周县都服务了！"

　　"叔，您说得对，咱们要向智慧农业发展了！"

　　2020年4月12日，疫情还未结束，我便跟导师申请到科技小院报到了。因为王大爷打电话跟我说："松林，你赶紧去看看吧，你们引进的优质麦品种不抗病虫害啊，小麦马上就不中了！"隔离结束后，我赶紧跑到地里。这一看不得了，这块优质麦试验地简直成了全县小麦病虫害暴发的典型地块！这可怎么办呢？我赶紧联系县农业局植保站的黄文超老师，希望他能来解燃眉之急。黄老师边观察小麦边给我讲如何具体应对，我一一记录了下来，并拍了照片。而后王大爷跟我说："咱们这块地就100多亩呢，加上村后的一共得有200多亩，病虫害这么严重，人工打药又慢，像红蜘蛛在地上都喷不到，你说这咋整？"我说："大爷，你忘了我是工科生了吗？我给你找无人机！一天把咱们优质麦地块都打完！"

在曲周农业局给我们赞助了一架无人植保机后，合作社种植手——王大爷的大儿子军哥乐开了花，他主动要求学习无人机驾驶技术。"松林，这个你得教教我，我要开着无人机把咱们村的小麦都打一遍药！"没过多久，军哥驾驶的无人机开始在小麦田里作业及时防治病虫害。

夏粮收获当天，我调来了新版纵轴流滚筒式的，带有各种传感器与信息化加成的小麦收获机，合作社理事长浩明叔在麦田边对着路过的村民喊："今年优质麦！一千二百五十三斤！"这句话也喊到了央视，在记者们、政府领导、中国农大各位教授和"一带一路"非洲科技小院研究生们的共同见证下，王庄科技小院实现了农机农艺结合下的小麦高产优质绿色生产突破，并被中央电视台13套、7套报道了两次！俊山叔接受记者采访时说："现在这个农大师生来了以后，实行了水肥后移这个技术，小麦浇两次水就行了。肥料以前施100多斤，现在80斤就可以了，产量突破合作社历史新高，光水肥这两项一亩地我就省了一百多块钱！"在种植小麦之前，科技小院的老师就和金沙河面粉企业取得了联系，签了订单，打通了小麦的后续销路。有了第一年的经验，王庄科技小院也将在今年冬季在曲周县新增10000亩全程机械化优质麦田，将曲周县打造成优质商品粮基地。

打造优质麦的过程中，我们又发现了新问题。我想这也是农业现代化发展过程中要面临的新问题：一是以家庭经营为主体的合作社在不断扩大种植面积时，单产显著下降，管理不过来；二是在离科技小院较远的龙堂村，农户们明显渴望得到技术的科普，这也意味着一个科技小院的科技服务深度与广度是有限的。中国农技协科技小院该怎么破解这些问题呢？

智慧农业、乡土夙梦

村里另一个合作社的理事长名叫王志成，他走南闯北，很有想法，对新事物新技术最有兴趣。但是，他今年却遇到了难题，以前他只有200亩地，一家人勉强管理过来。而从去年流转更多的土地后，王家的小麦种植面积扩大到了800多亩。单凭夫妇俩难以实现麦田的有效管理，单产也随之开始降低。他多次向我表达了这些困惑，并希望我能给他提供一些解决的策略。

2020年4月12日，我刚来到小院的第二天晚上，月上梢头，志成叔约我和桑坤师兄在他家院子里小酌，酒至酣时愁更浓。志成叔说："家里孩子都不愿意接手，我也50多岁了，你看我现在这个胳膊，只能抬到这，再往上就抬不动了！唉……"桑坤师兄说："叔，你这走南闯北这么多年，请农大师生来王庄，组织成立家庭农场、合作社，现在已经打下了千亩家业。现在农村人才流失，土地只有您这样有情怀的人才愿意种，形成规模之后，机械化、自动化水平得提上去，让松林这个做农业机械化的给你想想办法。"看着志成叔一筹莫展的样子，我的心里不由得思考，新型职业农民的年龄组里，50多岁的志成叔年龄还算小的。那天晚上不胜酒力的师兄和我陪着志成叔喝了两斤多白酒。

回到科技小院，我的心情久久不能平复，一个农业上能打能拼的实干家，却无奈感叹"廉颇老矣"！深夜我与农机企业雷沃重工的田总取得了联系，介绍了自己是做农机农艺结合的研究生后，恰逢雷沃想做农业方向，因此田总特别重视。4月中旬，田总就来到了曲周和我们座谈，并表示想在农业领域进行深度合作。雷沃的郭总给我们介绍了雷沃的智慧农业业务。我心想这不就是解决新型农业经营主体劳动力不足的出路嘛！我随即想促成志成叔与雷沃的对接。志成叔也表达了自己的想法："我就想能实现我坐在家里就知道土壤的状况，该施什么肥用多少量，用什么样的机械能够轻易实现，不用我费大劲去干活，效率要高。"郭总继续演示了他们做的"慧种田"业务，志成叔看得有些入神，但又担心智慧农业测的土壤数据不准确："这个理论上行得通，但是放到现实，放到田间地头，用不了呀，我们也不敢按你软件做的决策干！"田总回答："咱们农大和曲周县校合作多年，有农艺基础有合作运行机制，加上我们企业的农机装备与智慧农业平台，还有咱们负责农机农艺结合的研究生，最关键的是还有您这样的新型农业经营主体，一定能解决你遇到的问题呀！"

座谈会圆满结束后，雷沃公司给我们提供了"慧种田"智能管理平台和机械装备，县农业局不仅在志成叔家的房顶上架起了北斗卫星导航基站，还安装了智能终端，这也给我打造"智慧农场"提供了装备。今年夏粮丰收后，志成叔再次约我和师兄喝酒，志成叔说："今年多亏两位研究生呀，病虫害也监控了，本来不太准确的土壤数据让松林融合咱这儿的土壤试验、气象、卫星遥感、历年产量情况给它弄准确了。关键还有咱这个北斗导航自动驾驶，收获播种省事多了，以前把我累得不能行，今年还能跟你们俩喝酒啦，明年用智慧农业咱干5000亩去！哈哈哈……"

农民常说，人误地一时，地误人一年。如今，正值抗击新冠肺炎疫情，确保农业生产的关键时期，现代科技手段的注入为今年的春耕救急解难，既不断帮助农民降低疫情带来的损失，让广大农民种田更加轻松，也让农业生产更加精准高效。真正实现了农民从

"会"种地到"慧"种地的转变。正如王怀义大爷所说:"今年咱科技小院做的这个智慧农业能在田间地头广泛普及和应用,能实现咱农业的现代化啦,以后'用工难、用工贵'还有'谁来种地、怎么种地'这些难题也能解决了。"

结语

来到科技小院至今,我在科技小院已经度过了两年的时光。我想最美好的生活方式,不是躺在床上睡到自然醒,也不是坐在家里无所事事,更不是走在街上肆意购物逛吃逛喝,而是和一群志同道合的人,一起奔跑在理想的路上,回头有一路的故事,低头有坚定的脚步,抬头有清晰的远方。特别是对于刚二十出头的年轻人,"你所站立的地方,正是你的祖国,你怎么样,祖国便怎么样。愿我等青年都向上走,不听自暴自弃者的话,能做事的做事,能发声的发声。有一份热,有一份光,就如萤火一般在黑暗里发一点光,不必等候炬火"。不是站在道德的制高点去当键盘侠,而是把自己作为国家的建设者,去把她变成你想要的中国!愿我们阅尽沧桑,历尽千帆,内心依然少年!

中国农村专业技术协会
江西上高水稻
科技小院

> 蓝蓝的天空，白白的云，绿油油的稻田。行车从广阔的田野间穿过，田里每一株禾苗都跳跃着、欢笑着，如一串音符灵动。一阵风吹过，那一串串跳动的音符便随风摆动，如一双双挥舞的手臂，在迎接我们的到来。
>
> ——周乾聪

稻香飘，幸福收

周乾聪[1]

2019年11月17日，中国农村专业技术协会江西上高水稻科技小院的揭牌仪式如约而至。盼望着，盼望着，这一天终于到来了！早就听闻"科技小院"转变过去以室内实验为主的研究生培养模式，让研究生深入农业生产一线，开展科技创新工作并进行人才培养，零距离、零门槛、零时差和零费用服务生产一线。

江西省上高县素有"赣中粮仓"之称，是全国商品粮基地县、全国粮食增产重点科技攻关试点县。建设有1.8万亩高标准粮田、1.3万亩高标准农田，农业机械化程度高，机耕、机收率分别达90%和86.6%。现代农业示范区被评为"省级现代农业示范区"，6家农民专业合作社入选省级示范社，农业产业化水平正在稳步提升。泗溪

---

[1] 周乾聪，江西上高水稻科技小院成员，来自江西省上饶市，25岁，本科毕业于江西农业大学，现为江西农业大学作物栽培学与耕作学专业硕士研究生。

镇为上高县的主要产粮地之一，是典型的农业大镇，这里有很多传统农户。他们面朝黄土背朝天，与水稻相伴一生。水稻给予他们生计，却没能让他们摆脱贫困。

2017年5月，我决定留在本科母校江西农业大学继续读研。我的导师曾勇军老师把我叫到办公室，说："你考虑下，暑假要不就先跟着罗亢博士去上高的试验基地，多帮忙、多学习。"从小在农村长大的我对农民的不易深有体会，便欣然答应了。

第二天一早，我提着大包小包，和罗亢师兄一起乘坐长途大巴，从南昌西客车站出发经过近两个小时的车程到达了泗溪镇。三轮摩托车在乡间小道上摇摇晃晃了半个小时，我们到达了基地所在的村子——泗溪镇曾家村。蓝蓝的天空，白白的云，绿油油的稻田。行车从广阔的田野间穿过，田里每一株禾苗都跳跃着、欢笑着，如一串串灵动的音符。一阵风吹过，那一串串跳动的音符便随风摆动，如一双双挥舞的手臂，在迎接我们的到来。三轮摩托车的车头一拐，我们便到了曾家村村委会的办公大院。院子中间是栋三层独立小楼，一楼是村委会办公的场所，时常有村民过来办事，一来二往我们也都熟悉了；二楼作为我们的宿舍，我们在这学习、休息；三楼是个大会议室，也是我们的自习室；再往里面是个大仓库，里面存放一些大型农用机械；仓库背面则是厨房和样品室。

人有人的一生，水稻也有水稻的一生。我们刚到科技小院的那段时间正值水稻抽穗，抽穗期是水稻一生最关键的时期。这个时期的水稻生长情况很大程度上决定其产量的高低和品质的好坏。师兄做的是高产、优质品种筛选试验，通过对不同水稻品种抽穗期、成熟期进行取样，比较不同品种的干物质生产能力、产量高低和品质好坏。田间调查、取样、处理分析样品这一系列的工作等着我们去做,来这儿的第一个星期我就体会到了日出而作、日落而息的生活。我们在田间对水稻进行形态观察,记录分蘖数,调查有效穗数,测量水稻的株高、叶片面积等。就拿调查分蘖来说,我们需要在田里弯着腰,恨不得钻进田里,只有这样才能准确地将分蘖数数清楚。等到水稻成熟的时候,就可以根据前期的调查进行试验样品采集了,我们在分样室考察每个稻穗的实粒数、空粒数、结实率、千粒重等指标。当在获得数据的过程中对数据进行分析,寻找较好的品种时,我更能感受到这份工作带来的快乐。让农民都种上我们自己筛选出来的好品种,并将此用于示范推广,是我们最大的心愿。

耕地有限,科技无限。现代农业必然要以科技为支撑,走内涵式现代化农业发展道路,实现"藏粮于地、藏粮于技"。

听说,以前村里都是小农经营模式。后来,随着农业现代化的不断推进,村里的农田基本都实现了高标准农田建设要求,成立合作社,实现了大联合、大发展,也推动了农业全程机械化的实施进程。江西农业大学水稻栽培团队在水稻全程机械化生产中提供了技术帮助,村里建立起了机械化育秧生产线、育秧大棚,还购买了旋耕机、插秧机、收割机,同时对病虫害采取了联防联控措施。现在村里的渠修好了,路也修好了,土地变得平整了,以前农户们不愿种的地现在都开始抢着种了;以前十几亩地浇水就要花上一天的时间,现在半天都用不了;以前农忙时忙得焦头烂额,现在农业转向机械化了,人们上着班也照样能种地。

"仓廪实,天下安。"实现农机农艺结合,还要有良种良法配套才能增产增效。"什么水稻品种好""什么品种产量高""什么品种效益好"这些都是农民最关心的问题。种子是科技的载体,使优良的水稻品种被稻农接受，从而实现增产增收是我们每一个科研工作者的心愿。然而，对于普通农民来说，选择一个好的水稻品种相当困难。随着市场化的不断推进，经审定的种子种类繁多，一些经销商为了追求利益最大化，甚至销售未经审定的种子。另一方面，很多水稻品种和经销商都在夸大宣传、误导消费者。种子经销商大力宣传销售利润高的品种，夸大品种特性，误导农民。我和师兄做的品种筛选试验，正好解决了农户们选择种子的困难。将筛选出来的产量表现好的品种进行示范种植，农户们看到示范地的水稻丰收了都抢着要种这个品种。农户种上了我们筛选的品种，产量都有了百分之十到百分之二十的提高。

高品质、高附加值带来高收入。水稻增产了，农民的粮食更充裕了；农民增收了，小康更有奔头了。然而，随着水稻产量的不断增加，其价格也开始愈来愈低，最终导致种植水稻的农民们"增产不增收"。正所谓"物以稀为贵"，相对普通稻饱和的市场，优质稻的市场需求很大。但是相对非优质稻，优质稻的总体产量较低。我们经过前期的引种筛选试验，也得到了一些适合在当地种植的优质稻品种。但同样由于产量不如普通稻，很难被农户们接受。那么如何才能让优质稻的产量更高呢？我和师兄认为，优质稻的穗子较小，可能是导致产量较低的主要原因。接下来我们又开展了不同密度、不同苗数的试验，发现了增加密度或者提高基本苗的数量能提高优质稻的产量。根据试验结果，我们设计了几个优质稻品种与栽培模式搭配的组合。为了让农户们早日种上优质稻，我们不停地上门给农户们讲解。可能是思想观念上的差异，农户们要么明确表示不种，要么说先看看别人种的怎么样。姚礼花阿姨是曾家村的妇女主任，听说我们在推广优质稻，阿姨表示很支持，最先把自家十几亩地都种上了优质香稻。后来她告诉我们，人家的稻子卖1.2元每斤，她种的可以卖到1.6元每斤，一亩地能比以前多卖几百元。现在自己家也吃上了香米，家里人都特别喜欢。姚阿姨的试种让更多农民看到了优质稻的前景，来科技小院询问优质稻的农民也多了起来。农民在丰收中喜悦，我们也因其乐而乐。

  学校是传播知识的主渠道，却不是唯一的渠道。学习书本知识固然重要，但在实践中学习也很重要。没有一个科学家的知识是完全从学校学来的，也没有一个科学家的知识是完全从书本学来的。袁隆平院士研制杂交水稻的成功也是理论与实践结合的产物。科技小院不仅培养我们理论与实践结合的能力，让我们能将论文写在"大地上"，还教会我们新的生活方式和态度。只要能发挥自己最大的价值，广阔的田野，就是我们最大的舞台。

> 果然，下水稻田的第一天，我就被自己蠢哭了。先是靴子里灌了水，陷进泥里拔不出来了，接着我又一屁股"砸"到田埂上，插秧的时候我刚把秧苗按进田里，手机又从兜里溜出来跑水田里游泳去了……不到半天的时间，我就成功让自己全身上下都湿了。
>
> ——杨怡欣

上高研始，勇往向前

杨怡欣[1]

作为江西农业大学作物栽培系的一名专业硕士研究生，2019年11月16日，我有幸作为中国农村专业技术协会江西上高水稻科技小院的成员之一，驻扎到江西省宜春市上高县泗溪镇曾家村，并与中国大宗作物水稻成了形影不离的密友。

中国是一个农业大国，但农村的青壮劳动力大都在外谋生，留守在农村的大都是老人和小孩，真正从事农业工作的人少之又少，农业的发展也缺乏相关科技人才的带领。因此，在中国科学技术协会、中国农村专业技术协会以及江西农业大学科技处等单位的支持和推动下，中国农村专业技术协会江西上高水稻科技小院成立了。

---

[1] **杨怡欣**，江西上高水稻科技小院成员，来自陕西省渭南市，25岁，本科毕业于安康学院，现为江西农业大学专业硕士研究生。

虽然每天待在远离城市喧嚣的村里，但作为一名水稻栽培专业的农学研究生，能够和农民们一起在农业生产一线工作，我却觉得格外踏实。上高县曾家村，这个原本普通的乡村也因为有了科技小院学生的驻守而增添了几分朝气。

作为一个以面食为主的北方人，我也只在电视上见到过农民们挽着裤脚，卷起袖口在泥水里插秧的场景，除此之外我与水稻并没有其他联系。当我的导师曾勇军老师安排我前往江西省上高县参与稻米食味品质试验时，我既激动又不安，激动的是马上就可以吃到香弹软甜的大米了，不安的是自己从未接触过水稻，很怕到时候会给农户们帮倒忙。果然，下水稻田的第一天，我就被自己蠢哭了。先是靴子里灌了水，陷进泥里拔不出来了，接着我又一屁股"砸"到田埂上，插秧的时候我刚把秧苗按进田里，手机又从兜里溜出来跑水田里游泳去了……不到半天的时间，我就成功让自己全身上下都湿了。要不是秧苗生命力顽强，我真不知道在这半天不到的时间里我要破坏多少生命，好在有了其他科技小院同伴们的热情相助，我才能按时完成每一阶段的任务。经历了种早稻的慌乱，晚稻种植时我便不再陌生了。当躬身参与了双季稻的播种、移栽、打田、施肥和栽培管理、收获等一系列过程后，我不仅对水稻有了全新的认识，也深刻体会到"世界上没有真正的感同身受"，原来我们平时吃到的晶莹剔透的米饭是如此来之不易。

成功的道路上总是充满坎坷，第一次下水田的窘境，让我学会了应对突发情况的方法。而天气的多变在为大田试验增加许多不确定因素的同时，也使我慢慢养成了提前列好工作计划的好习惯。江西的夏天，连空气都是湿热的，这样的天气本该待在舒适的空调房里，我们却要顶着烈日到水稻田里干活。当汗水滴答滴答地从脸颊两旁滑落，我们硬着头皮在一股股热浪中干完活后，反而开始习惯"汗滴禾下土"的状态了。时间一长，我们不仅有了黝黑的皮肤，身体也更结实了。

水稻在生长过程中常常会遇到病虫害，看着田里一大片的稻田被病虫害毁坏，我的心里很不是滋味。为了尽快帮农户们解决病虫害问题，我们请教了当地农技站高级农艺师陈恒老师和植保站相关人员，并在他们的指导下学会了水稻病虫害的防治方法。由于稻田的低洼处容易积水，加上施用过量的氮肥，水稻容易感染稻白叶枯病，且发病时间早，程度严重，而选栽抗病品种、防止稻田淹水是防病的关键。另一种常见的病毒病害是稻苗的稻矮缩病，防治水稻螟虫、稻飞虱等传毒介体昆虫是防治该病的关键。通过请教水稻研究专家并结合自身所学，我们在水稻田里为农民们答疑解惑，帮助他们增加水稻产量、提高水稻品质。在此期间，我也在不断积累专业和实践知识。然而，再简单的东西背后也有奥秘，尽管我一直在摸索、学习，却越来越感觉自己所学的不够用了。

在上高水稻科技小院，叔叔阿姨们总是不畏严寒，不怕酷暑，力所能及地帮助我们；村干部也对我们关爱有加，及时为我们解决工作和生活上遇到的难题。由于常驻科技小院的学生太多，做饭的阿姨每天只能用大蒸炉给我们蒸米饭，天天吃蒸米饭无法满足渴望美食的我们，偶尔我们也会自己跑到厨房炒一锅蛋炒饭换换口味。最幸福的是我们被村民邀请到家里品尝当地特产的时候。有时是到聂贡苟师傅家喝几口师傅自家酿的米酒，有时是品尝阿姨自制的红糖糕、南瓜糕。在这里，我们不仅尝到了自然成熟的甘蔗、甘甜的橘子、刚摘的西瓜，还收获了一箩筐叔叔阿姨给予我们的温暖。

从最初的一窍不通到现在的略知一二，我在上高水稻科技小院学会了数水稻的茎蘖动态，测定稻米理化指标等很多水稻栽培相关的知识。未来的日子里，我要努力掌握更多关于水稻栽培的理论知识和实践技能。我也慢慢喜欢上了这个地方，这个空气清新的地方，这个我们洒过汗水的地方，这个我开始科研梦的地方……这片可爱的土地，它承载着很多人的期望，也给我带来了踏实的幸福感。

> 看到这张珍贵的合影,我的内心充满了对科技小院的憧憬。对我来说,能被老师们选中,成为上高水稻科技小院的一员是一件很光荣的事情。
>
> ——吕茹洁

光荣"使命"

吕茹洁[1]

2019年11月17日,中国农村专业技术协会江西上高水稻科技小院的授牌仪式在江西农业大学的校办会议室举行。仪式上,中国农村专业技术协会理事长柯炳生、江西农业大学校长赵小敏、江西省科学技术协会副主席梁纯平等领导一一致辞,对江西省的安远蜜蜂科技小院、广昌白莲科技小院、上高水稻科技小院、修水宁红茶科技小院、彭泽虾蟹科技小院、赣州食用菌科技小院、井冈蜜柚科技小院共计7个"科技小院"的成立表示祝贺,致辞领导还讲述了科技小院创立的初衷。紧接着是授牌仪式,上高水稻科技小院的牌子由江西农业大学农学院院长曾勇军领取,曾院长面带笑容,激动地与科技小院联盟领导们握手并接过牌子,这真是值得纪念的一刻。仪式结束后,我们在主持人的带领下来到校办一楼的大门口,

---

[1] **吕茹洁**,江西上高水稻科技小院成员,来自河南省商丘市,27岁,本科毕业于河南科技大学,现为江西农业大学作物栽培学与耕作学专业博士研究生。

拍了一张大合影。看到这张珍贵的合影,我的内心充满了对科技小院的憧憬。对我来说,能被老师们选中,成为上高水稻科技小院的一员是一件很光荣的事情。

  此次会议也让我了解了科技小院成立的目的:以服务"三农"为己任,将更多的科学技术应用在农业发展中,解决"三农"发展中的问题。科研院校组建了包括专家、老师、研究生在内的科技团队,在农村建立科技小院,由团队的研究生长期驻扎,服务三农,发现农业生产中存在的问题,并找寻解决问题的方法。会上,已成立的科技小院的学生代表为我们分享了自己与科技小院的故事。他们吃住在农村,克服农村的艰苦环境,融入村民,仿佛自己是村里的一分子。他们在科技小院里通过自己与团队的努力,为当地村民解决了一个又一个问题,在这个过程中,他们不仅感受到了村民的关心,还收获了知识与温暖,他们是我的榜样。在老师和同学们精彩的讲述中,会场里掌声和欢笑声此起彼伏,我也意识到了未来自己身上肩负的责任。回实验室的路上,上高水稻科技小院的同学们同曾研华老师和谢小兵老师交流,老师们在言语中寄托着对我们的期望,嘱咐我们一定要把上高水稻科技小院建设好。大家纷纷表态要努力工作,让科技小院在这片土地上发挥更大的作用。

  第二天是上高水稻科技小院挂牌的日子。凌晨五点多,天还没亮,我就早早起床穿上科技小院特制的蓝色冲锋衣,和同学们一起坐大巴从学校出发前往基地。从学校到基地有一百多公里的路程,要花上四五个小时:我们先坐一个多小时的公交车到大巴站,再坐两个半小时的大巴车到上高县泗溪镇,然后在镇上坐半小时的小三轮才能到基地。基地有一个三层的楼房。一楼是村委会办公的地方,村民们平时有大事小事就会来村委会;二楼是我们的房间;三楼是个大会议室，没有会议的时候这里便成了我们学习的地方。除了这栋三层的楼房，科技小院还有厨房、餐厅、做试验的分样室和仓库，以及方便大家出行所配备的电动车，基本设施齐全。一到基地，我们立即将寝室内外的生活用品、试验用品整理了一番，把房屋打扫干净。接下来，我们开始粘贴宣传栏上的贴纸。贴纸要平整地贴到两个三米多长、两米多宽的宣传栏里真不容易，我们科技小院的五名学生，在老师和村干部们的帮助下，花了一个小时才贴好。

中国农技协江西上高水稻科技小院的揭牌仪式在泗溪镇曾家村举行。中国科协农技中心副主任王诚、江西省科学技术协会副主席梁纯平、广西壮族自治区科学技术协会副主席刘翠权、宜春市科学技术协会主席谢慧等领导出席了揭牌仪式。揭牌仪式顺利举行之后，科技小院的领导们上楼参观了我们的工作、生活环境，并与我们交流如何建设科技小院，以及作为科技小院的成员需要做些什么。领导们问我们在这里开展试验有没有发现什么问题。说实话，平时我只顾着做试验，并没有想过农业生产过程中有什么问题。在老师们的提醒下，我才开始思考我的试验。我的试验是关于水稻抗倒伏的研究，以前只是纯粹从科学的角度来研究并提高水稻的抗倒伏能力；而通过这次交流，我决定从另一个角度来思考降低倒伏以减少农户损失的方法，并以此作为我未来的努力方向。

从本科的时候我就开始学习农学专业知识，后来在江西农业大学农学院读研究生。虽然学了这么多年的农学，可是我并没有真正用自己学到的专业知识为农村的发展做过贡献。感谢科技小院为我提供了学以致用的平台，让我有机会能够参与到农村建设中。在全国多个地区都设有科技小院，虽然大家研究的方向不一样，但我们都在为"三农"的美好未来努力。在未来的日子里，我希望通过自己的努力让上高水稻科技小院越来越好，和全国的农技协科技小院一起，助力乡村振兴，为农村的发展贡献自己的力量。

院子四周静悄悄的，我把这一天的收获与感受写在记事本上：与你相遇好幸运，以后还请多多关照，江西上高水稻科技小院！

——吴嘉乐

初遇科技小院

吴嘉乐❶

"你有没有接触过水稻呀？"

"有的，老师。我家早些年还种过水稻呢。"

"那你要做好心理准备喔，因为我们以后主要从事水稻的研究，相对来说比较辛苦。"

"好的，老师。"

2019年11月17日，中国农村专业技术协会江西上高水稻科技小院正式成立啦！揭牌的那一刻，我会心一笑，不禁想起当初与我的导师江西农业大学谢小兵老师的谈话。在上高水稻科技小院成立之前，我与科技小院有过一段故事，且听我慢慢道来。

初遇

"嘉乐，国庆假期有安排了吗？要不你去基地和你师姐吕茹洁

---

❶ **吴嘉乐**，江西上高水稻科技小院成员，来自广东省茂名市，24岁，本科毕业于韶关学院，现为江西农业大学硕士研究生。

一起做实验吧。"谢老师为了让我尽早适应科技小院的环境,准备安排我到江西省宜春市泗溪镇的上高水稻基地协助茹洁师姐做实验。虽然早已听说以后要到基地做大田试验,但我对上高基地的概况不是很了解。这突然的安排,让我心情复杂。

当汽车驶过曾家村的村口时,一大片金黄的水稻尽收眼底,一阵微风吹来,让人心旷神怡。到了基地后,段师兄就带着我熟悉周边的环境。经过师兄的介绍,我了解到:江西省上高县优质稻综合示范基地是2013年依托江西农业大学与上高县人民政府、上高县汇农种植业专业合作社等单位联合创建的,进行产学研合作和人才培养的实践教学基地。基地设有工作学习区、厂房区和试验区3个功能区,包括会议室、寝室、食堂和工作室,室内不仅安装了空调、热水器等基础设施,还配备有烘箱、低温冰柜、光合仪、荧光仪、叶绿素仪、光合辐射仪、田间小型气象站等多项仪器设备,能满足一般农业科学试验的需求。厂房区建有育秧工厂和育秧大棚,配有高速插秧机、喷药机、全自动催芽机等多台农机设备。基地倡导"理论与实践""教学与科研""示范与推广"三结合的实践教学理念。

晚饭后,我漫步于乡间道路上,路旁不时传来虫鸣声,微风拂过,空气中飘来阵阵稻香。院子四周静悄悄的,我把这一天的收获与感受写在记事本上:与你相遇好幸运,以后还请多多关照,江西上高水稻科技小院!

"痛"并快乐

"师姐,我不能吃辣喔,我要不要带点干粮或者零食去基地呀?"

"不用，基地有专门的阿姨做饭给我们吃，我叫阿姨少放辣椒就好了。"

民以食为天，身为不会吃辣的广东人，刚到江西时我很不适应。无论是食堂还是饭店的厨师们都喜欢放辣椒，我因为不适应这里的饮食咳嗽了几周。因此去基地前我特地问了师姐那边的伙食，最终我还是带了点零食过去。

这次到基地，我主要是协助师姐进行水稻株高、剑叶夹角、基部节间的F值、单株鲜重、单株干重等水稻抗倒伏指标的测定。水稻倒伏是指直立生长的作物因风雹、暴雨等自然因素或其他外力影响发生成片歪斜，甚至整株倒伏在地的现象。倒伏会降低作物的产量和质量，影响收获；倒伏现象大多发生在作物拔节后和生育的中后期。在水稻栽培过程中，经常发生不同程度的倒伏，常见的包括基部倒伏和折秆倒伏两种，而基部倒伏是水稻倒伏的主要类型。我们分工合作，给水稻称重、测量、记录数据，最后将样品分类打包好。在大家的认真配合下，我们很快完成了此次样品各项指标数据的采集。有时候，我们也会请当地的阿姨帮我们采集水稻样品并进行前处理，比如水稻收割、水稻秸秆的称重和样品的分类打包等。在休息期间，我们会向阿姨们了解当地的风俗习惯，阿姨们有时会因为某位男同学性格开朗、做事认真而开玩笑说要介绍对象给他。这样劳逸结合的工作，既能让我们高效地完成试验任务，还能增进我们与村民之间的感情。虽然有时候我们要起早摸黑做试验，"火辣"的食物也无法让广东人喜爱，但是这些"痛"背后也有许多快乐——我认识了许多新同学，品尝了当地的特色菜，提前感受了研究生生活，为未来的科技小院生活做好了充足的准备。

荣幸与责任

在协助师姐开展水稻试验的过程中，我发现当地存在着一些问题，诸如农民整体文化水平不高，缺乏具有创新意识、技术能力过硬的专业技术人才，科普工作较为欠缺，政府及相关部门专项扶持力度有限等。正当我为自己无法解决这些问题而苦恼时，恰逢中国农村专业技术协会等单位要在江西省上高县建立水稻科技小院！2019年11月16日，中国农村专业技术协会科技小院联盟（江西）授牌仪式在江西农业大学行政楼二楼的圆厅里举行。中国农村专业技术协会柯炳生理事长介绍了中国农技协科技小院联盟的相关情况，并对7个江西科技小院的建设提出了相关要求。江西省科学技术协会副主席梁纯平表示，江西省科学技术协会将全力支持科技小院的落地建设，积极推动当地农业产业的高质量发展。授牌仪式当天所有科技小院的师生都身着中国农技协江西科技小院专属的蓝色战袍，我的肩膀上仿佛多了一份责任和力量。

农，天下之大业也。自科技小院成立以来，中国农技协、江西省科协等单位不仅为科技小院提供了经费支持，还协助科技小院组织水稻专家开设水稻种植管理讲座、创建科技小院文化长廊和微信公众号等，使农民进一步了解科技小院，也让我们将自身所学充分应用到实际生产中去。我很荣幸自己能成为首批入驻上高水稻科技小院的研究生，身为上高水稻科技小院的成员之一，我要向袁隆平前辈学习，脚踏实地，不断向前奋进。正如色诺芬所说，"从事农业在某种意义上是一种享乐，也是一个自由民所能做的增加财产和锻炼身体的手段"，从今往后，就让我在科技小院里尽情"享乐"吧！

中国农村专业技术协会
四川布拖马铃薯
科技小院

> 没有经历过贫困的人可能都无法想象这里的人们是怎样生活的，小孩子懂事后就要自己洗衣、做饭、耕地，甚至带更小的孩子，他们的肩上担着养育家庭的责任，也拥有了这个年纪不该有的成熟。我想为他们做点什么。
>
> ——廖倩

等等啊，我的青春

廖倩❶

自乡村振兴战略实施以来，全国各地的农村就不断涌入"新鲜的血液"，这些"血液"通过自身的创新和创造能力，带动着当地人民为家乡产业努力奋斗前行。传统农业在中国的历史长河中长期占据着主导地位，但是随着现代科学技术的高速发展，城乡之间的收入差距越来越大，现代农业的发展与农村劳动力之间的鸿沟也越来越深。青壮年进城务工，留守农村的老人和妇女文化程度低，再加上传统耕种模式的根深蒂固，这部分人群接受新知识和新技术的能力也不强，使得农业技术的推广成了一个大难题。

在入驻中国农村专业技术协会四川布拖马铃薯科技小院之前，我便已经在网上了解了科技小院的基本信息。布拖马铃薯科技小院

---

❶ **廖倩**，四川布拖马铃薯科技小院成员，来自重庆潼南，22岁，本科就读于四川轻化工大学，现为四川农业大学农艺与种业2019级专业硕士研究生。

成立于2018年，是中国农村专业技术协会科技小院联盟首批授牌的科技小院之一，是四川省唯一一个地处低温贫瘠高原的科技小院。布拖马铃薯科技小院以发展马铃薯产业为重点，以马铃薯创新科技为支撑，以促进农村生态美丽、农业提质增效、农民增产增收为目标，助力四川省布拖县乃至凉山州脱贫奔小康……这些信息让我对科技小院心生向往，但又担心自己无法胜任科技小院的扶贫工作。并未忧心太久，我和同伴便收拾好行李，踏过河边的公路，穿过短却密集的隧道，翻山越岭来到了布拖马铃薯科技小院。科技小院位于四川省凉山州布拖县布江蜀丰生态农业科技园区内，由于四周的建筑物都不高，这里的视野比较开阔。远处群山围绕，海拔高于2000米的布拖县常年低温，且昼夜温差大，有一种"早穿棉袄午穿纱"的感觉。

在科技小院，我们主要协助管理5000平方米智能雾培大棚马铃薯原原种的生产。我们刚到科技小院的时候，管理园区的曹菊华老师正组织工人进行当季马铃薯原原种的第五次收获，此时的马铃薯植株叶片大部分已经开始枯萎。等全部原原种收获完毕，所有的马铃薯植株就会被清理掉，工人将对雾培大棚进行全面清洗消毒，为秋季的马铃薯苗栽种做准备。园区内也种有许多果树、蔬菜以及中药材，空闲时我们会向当地的农业技术员学习一些果树和蔬菜的种植管理技术，比如果树枝条修剪、蔬菜病虫害防治等。

记得有天傍晚，我对各个蔬菜大棚例行检查。布拖的夜晚格外寒冷，如果不对大棚里的蔬菜采取保温措施的话，蔬菜就会被冻坏，从而影响园区的生产效益，所以我们在例行检查时需要确保每个大棚的保温膜都放下来了。在检查西葫芦大棚的时候，我突然发现有棵西葫芦长得很奇怪，其果实顶端覆盖了一层灰色的霉状物质，果肉早已腐烂松软，靠近果梗部分还是完好的。惊吓之余，我赶紧上网查阅相关资料，这才得知，这棵西葫芦得了灰霉病。病菌首先侵入凋萎的雌花，侵染初期花瓣呈水浸状，接着花瓣变软腐烂并出现灰褐色霉层；而后病菌逐渐向幼果蔓延，先是果实内部变软腐烂，然后开始长出大量灰色霉层。这样可不行，我立刻采取了紧急处理措施，用袋子将摘下的病果密封好带出大棚，并关闭大棚门和通风口，时刻观察棚内的温度。当温度达到42℃时，我开始记录时间，在42～44℃的温度下维持了2个小时后，再打开大棚门通风，将棚内的温度降了下来。此次发现也成功避免了"灰霉病"的大面积爆发，我既开心又激动。

有时我们还会跟着外地驻村帮扶干部和村干部走访布拖县的马铃薯种植户，了解当地的马铃薯种植模式，同时采集相关数据和样本，进行一些简便易实施的种植技术指导。布拖县洛古乡的农户在每年2月底3月初开始种植马铃薯，9月份便开始收获，最晚到10月将所有的马铃薯采收完毕。当地马铃薯为起垄种植，一垄单行，株距40cm，垄距60cm，种植时施用农家肥，之后便不再追肥，也没有采取任何病虫害的防治措施。了解到这些情况后，帮扶干部郝克伟老师便建议农户们改变部分种植方式，采用一垄双行并覆降解膜的方式来种植马铃薯，有利于杂草的清除，方便管理；肥料方面，郝老师推荐施用菌肥，他建议农户们向农科所咨询一些性价比较高的生物菌肥，先少量购买，试用后有效果再继续施用，还可以与农家肥搭配施用。此外，我们在调研过程中还发现了农户在贮藏马铃薯时存在如贮藏方式过于简单、商品薯和种薯未分别贮藏、贮藏条件差等问题。

2019年8月2日，我有幸参加了昭觉县扶贫技术培训会。会上，四川省农科院植保所李洪浩老师为我们讲解了马铃薯的主要病虫害及综合防控技术。李老师谈到，晚疫病对布拖县和昭觉县两个马铃薯种植地区的影响是最大的，收获之后遗留在地里的马铃薯根茎和块茎会成为下一季马铃薯晚疫病的初侵染源，一旦当地的湿度达到90%以上，晚疫病就会大面积爆发。这也就意味着当地村干部必须组织农户将地里的茎叶和块茎全部清理掉，才能降低晚疫病爆发的可能性。四川省农业机械研究设计院刘小谭老师为我们介绍了马铃薯种植全程机械化所需要的一些机器，强调拖拉机在选型时要注意"轮距和垄距配套，动力和作业配套"。而四川农业大学农学院专业硕士研究生杨勇师兄则以马铃薯散户贮藏技术为题，讲述了一些马铃薯贮藏过程中会出现的变青、发芽、冷害和冻害等现象，并推出了"抑芽剂+贮藏框"的马铃薯贮藏方式来减少损失。

调研当地农户马铃薯种植情况时，我看到堆在农户家房间一角的马铃薯，有的表面已经长出了一片小"森林"，但农户们却不顾毒害，继续食用发芽的马铃薯。看到这样的场景我不禁有些难过，我小时候也在农村生活，但是我都是吃的新鲜蔬菜，大人们经常叮嘱我发芽的土豆不能吃，会肚子疼。没有经历过贫困的人可能都无法想象这里的人们是怎样生活的，小孩子懂事后就要自己洗衣、做饭、耕地，甚至带更小的孩子，他们的肩上担着养育家庭的责任，也拥有了这个年纪不该有的成熟。我想为他们做点什么。

布拖乌洋芋是四川省凉山彝族自治州布拖县的特产，其彝族名字叫"牙优阿念念"。它具有其他洋芋无法比拟的品质，不仅皮薄、质嫩、淀粉含量高、营养丰富、口感好，还耐贮存。乌洋芋薯形小巧玲珑，一般直径在7～8cm，切开后离表皮4～5mm处有一圈紫色的圆环，中部为白色的薯肉。由于其优质的品质，布拖乌洋芋很受广大消费者的喜欢，售卖价格也一直高居不下，相比其他2元/斤的洋芋，乌洋芋的价格在5～6元/斤之间波动，有时候还会更贵一些。

既然乌洋芋这么贵，为什么布拖依旧这么贫困呢？原来是布拖乌洋芋的生长对气候、土壤和肥料等条件都有着特殊的要求。乌洋芋生长的最适海拔在2600～2800米之间，要求在土质肥沃、排水性良好、昼夜温差大、常年雾罩时间较长的特殊地域内种植。并且种植过程中不能使用化肥、农药等，只能用无公害的农家肥。由于其苛刻的种植条件，布拖乌洋芋的产量一直很低。我也一直在思考如何提高布拖乌洋芋的产量和品质，倘若能解决布拖乌洋芋产量低的问题，既能改善布拖的贫困现状，还能真正实现"将论文写在大地上"的承诺。

在科技小院里，我的主动性和创造性被充分地调动起来。面对农户们求知若渴的双眼，我除了学习马铃薯种植相关的专业知识外，还学习了蓝莓、辣椒等水果蔬菜的种植管理知识，既扩充了自己的知识面，还培养了科研成就感。在参与了布拖马铃薯科技小院一系列的科普工作后，我发现自己成长了许多。在田间和当地的工人一起干活时，我会跟他们唠家常，尽管在语言上我们有不相通的地方，但是没有什么是一个笑容解决不了的。每当看到他们腼腆而质朴的笑容在泛红的脸上绽放，我内心最柔软的地方总会受到触动。生活的苦和累并不能阻挡他们前进的脚步，尽管眼前的日子充满艰难困苦，他们依旧勤勤恳恳地生活，用一颗赤诚感恩的心去对待身边的人。是他们的笑脸，让我更加坚定了为布拖的脱贫之路尽一份力的决心，只为让他们过上和他们的笑容一样甜美的生活。

科技小院就像一块磨刀石，而我就是那还未开锋的刀。通过在科技小院的磨炼，我会逐渐变得锋利，能够劈开任何阻挡前行的困难；我也学会了丢掉怯弱和迟疑，变得更加自信，更有力量。青春是我们一生中最美好的时光，而布拖马铃薯科技小院，让我的青春持续散发着璀璨的光芒。

> 园区内的叔叔阿姨对我们就像对待自己的孩子，时常关心我们，有好吃的东西也会第一时间和我们分享。虽然离家很远，但在这里，我被家一般的温暖和爱包围着。
>
> ——朱嘉心

时光不负有心人

朱嘉心❶

初相遇

布拖县位于四川省凉山彝族自治州东南部，是彝族聚居的高寒山区半农半牧县，占地面积1685平方公里，海拔2000米以上的高寒山区占89%，耕地面积31.63万亩。受土壤贫瘠、水资源匮乏等因素的影响，耐寒、耐旱、耐贫瘠的马铃薯是高山地区农民的主要经济来源。尽管整个布拖县马铃薯种植面积多达21万亩，但生产技术的落后使得当地马铃薯普遍存在种薯活力差、品种混杂、栽培粗放等问题，长期制约着当地马铃薯产业的发展。基于此，2019年8月21日，在四川省农村专业技术协会、中国农业大学等单位的支持

---

❶ 朱嘉心，四川布拖马铃薯科技小院成员，来自新疆维吾尔自治区，23岁，本科毕业于湖南农业大学，现为四川农业大学农艺与种业专业2019级硕士研究生。

下，四川农业大学马铃薯创新团队与布拖县布江蜀丰生态农业科技有限公司共建了高原上第一个科技小院——中国农村专业技术协会四川布拖马铃薯科技小院。作为四川农业大学马铃薯研究与开发中心团队的一员，到科技小院开展扶贫工作是我的责任和使命。

浅相知

布拖马铃薯科技小院的目标是将成熟的马铃薯活力调控技术带到生产第一线，让彝族同胞吃上不发芽的土豆。第一次到布拖马铃薯科技小院，我便跟随师兄师姐到昭觉县参加了马铃薯产业扶贫技术培训会，并观摩了机械收获马铃薯的现场。此次培训会，我学习了机械播种、收获马铃薯的相关知识和马铃薯病虫害及其综合防控技术，昭觉之行令我收获满满。八月正赶上马铃薯收获的季节，我们到园区附近的苏呷村了解当地村民今年的马铃薯收获情况，这里的村民都是彝族人，会讲汉语的很少。好在在园区工作的一位姐姐会讲一点汉语，在我们与村民沟通交流过程中帮了不少忙。其间，我还在西昌农科所老师们的带领下收获了园区内用于品种评比试验的马铃薯。布拖县海拔高，紫外线强度大，我们在烈日下进行马铃薯的采收工作，不到半天时间，我裸露在太阳下的手就比胳膊黑了很多。尽管烈日当头，老师依旧耐心地告诉我们如何进行品种分类和数据记录。这是我第一次下地采收马铃薯，不仅学到了人工收获马铃薯的方法和流程，还深切体会到劳动人民的辛苦和不易。

2019年8月，我跟着师兄师姐到洛古乡进行布拖县特产布拖乌洋芋的取样工作。洛古乡位于海拔两千五百米以上的高山顶，乌洋芋便种在一片陡峭的斜坡上。上山的路极为陡峭，每踏出一步我的双腿都忍不住颤抖。难以想象当地的彝族同胞每天扛着工具上山劳动是多么辛苦，小小的乌洋芋凝集了多少人的汗水和艰辛呀。尽管第一次到科技小院只待了短短二十天，但我的收获和体验是前所未有的。由于专业知识的匮乏和实践经验的不足，很多时候我只看到了事物的表面，并没有深入地思考。就如我的导师王西瑶老师所说，我的思维太拘束，并没有扩展性思维，不够大胆，不够成熟。马铃薯科技小院是一个非常广阔的舞台，需要我们尽情发散思维，充分发挥想象力去创造属于自己的价值。

深相恋

2020年是不平凡的一年，一场疫情影响了全国乃至全世界人民的生活。为了保证布拖马铃薯春耕的正常进行，3月20日，布拖马铃薯科技小院的六位研究生从全国各地赶回了科技小院。与第一次不同，此次到科技小院开展工作对我们来说是一场持久战。此次入驻，我们不仅需要协助管理园区的马铃薯、雾培原原种以及蔬菜大棚，还需要开展生产调研、技术推广、科普培训等工作。同行的同学们一起制定了2020年马铃薯科技小院的工作方案，设计并实施了"马铃薯品种比较试验""EBR抗性试验""马铃薯高产栽培试验""外源喷施植物激素对雾培马铃薯植株生长以及产量的影响"等试验。我们还跟随当地的扶贫团队在布拖县开展了马铃薯产业整体发展情况调研，通过走访马铃薯种植户，对当地马铃薯栽培品种结构、种植面积以及采后销售与安全贮藏等方面进行了调查。针对散户贮藏的马铃薯发芽问题，我们开展了马铃薯原原种培育、病虫害防控以及马铃薯规范化栽培的技术培训。不仅如此，我们还开通了布拖马铃薯科技小院微信公众号和抖音账号，定时更新科技小院的工作内容，对马铃薯病虫害防治、管理、贮藏等相关知识进行了线上科普。亲身参与这些实践工作加深了我对布拖县和马铃薯产业的了解，也让我的思维变得成熟起来。

随着入驻时间的增加，我也被当地的风土人情深深吸引。在这里，我们认识了附近村庄的一位阿姨，她热情地邀请我们到家里做客，给我们烤土豆吃，还带着我们到山里采花。我也渐渐和园区的员工们熟悉起来，我们经常互相帮助，有时还一起打闹玩耍。园区内的叔叔阿姨对我们就像对待自己的孩子，时常关心我们，有好吃的东西也会第一时间和我们分享。虽然离家很远，但在这里，我被家一般的温暖和爱包围着。

长相思

尽管布拖马铃薯科技小院刚成立不久，未来的路还很长，也免不了要接受风雨的洗礼，但只要我们齐心协力，努力奋斗，总会迎来风雨后的彩虹。因为站在科技小院身后的，不仅有支持我们的中国农技协、四川省科协等单位，还有提供技术指导的老师和同学们，以及给予我们信任与温暖的园区工作人员和当地的彝族同胞们。未来的某一天，再回首这段美好的科技小院时光，我一定会将其当作我一生中最宝贵的青春记忆。星光不负赶路人，时光不负有心人！

> 在脱贫攻坚的第一线，大家没有双休日和节假日的概念，也没有娱乐活动，生活很是枯燥。有时候园区还会停电，我们还因为雾培大棚不能正常运行而闹得"鸡飞狗跳"。看着马铃薯雾培苗一天天地长大，尽管每天的变化很小，但是看着根部的小土豆一点一点地变多、变大，那种油然而生的喜悦是没有经历过的人无法体会到的，而这种喜悦也在马铃薯收获的时候达到了巅峰。
>
> ——杨勇

有意义，也要有意思

杨勇 ❶

中国农村专业技术协会四川布拖马铃薯科技小院是中国农村专业技术协会首批建立的五个科技小院之一。而我作为首批入驻学生中唯一一个已经完成学校课程的研究生，在科技小院待的时间也就最长。如今我又成为中国农村专业技术协会科技小院的第一个毕业生，回想在科技小院这一年半的时间，感触颇多。本来平平淡淡的求学生涯，因为有了布拖马铃薯科技小院，也变得有滋有味起来。

---

❶ 杨勇，四川布拖马铃薯科技小院成员，来自山西省忻州市，25岁，本科就读于沈阳农业大学，现为四川农业大学作物专业硕士研究生。

一直以来，我做事都坚持一个原则：要么有意思，要么有意义，二者兼具为最佳。作为一个土生土长的山西人，我从小到大都在吃土豆，曾经立志远离土豆，最后还是阴差阳错学了和马铃薯有关的专业。最初我只是把马铃薯当作一个研究对象，然后从中寻找一些让自己能够坚持下来的意义。但自从到了布拖马铃薯科技小院，我的想法发生了翻天覆地的变化。

我的导师王西瑶教授是四川省的马铃薯专家，曾多次参加四川省科学技术协会组织的科普培训工作，我有幸跟着王老师一起参加过几次，在学习的过程中我才真正明白了科普的重要性。王老师的话我也一直铭记于心："我们做科研的，既要顶天，也要立地。"通过实地观察，了解基层需求，接着确定研究方向，解决实际问题，这就是我们作为科研工作者做科研工作的意义。

2019年2月，寒假刚结束，我和同学们参加完中国农村专业技术协会科技小院联盟秘书长李晓林老师组织的培训会，第二天就出发前往中国农技协四川布拖马铃薯科技小院。从成都市到布拖县需要一天半时间，而其他几个科技小院都在成都周边，只需2个小时的车程即可抵达，这让我多了些羡慕。

到达布拖县布江蜀丰生态农业科技有限公司时已经是第二天的中午。一下车我就感觉回到了北方，毕竟我从未想过南方还有这么冷的冬天。也许不从成都转车，直接从家里出发感受到的温差会小一些。幸运的是，那天正赶上正月十五，晚上园区里举办了聚餐活动，我也是凑巧赶上了一顿丰盛的大餐。饭后我也认识了许多人，但大多记不住名字，园区的一大特色就是彝族员工比较多，所以在记名字方面还要多花一些工夫才行。

因为我和大家的生活习惯有差异，再加上刚开始包括我在内的所有人对布拖马铃薯科技小院的工作都不明确,我刚到园区的第一个月是比较辛苦的。由于没有经验,我不知道要做些什么,便跟着公司新来的员工一起为园区的建设添砖加瓦。那时候科技小院还没有单独划分出来,也没有添置办公室的设施设备,因此刚开始的工作对我来说是举步维艰的。直到3月17日我参加了第一次四川省科技小院推进会,认识了其他科技小院的同学们。这才明白大家的情况都很相似,都因为陌生的环境、陌生的同事而感到过不知所措。

我在园区默默工作了一个月,把大小杂活都做了一遍,最后还是没忍住,和公司的副总陈总"吵"了一架。但我们也因此坐下来认真探讨了科技小院研究生的工作范围,大大提高了科技小院学生的工作效率。经过不断的讨论,我们在园区的马铃薯雾培原原种大棚旁建起了科技小院专属的工作室,为我们开展科技小院工作和管理马铃薯提供了很多方便。一开始,我每天重复着简单的工作,在脱贫攻坚的第一线,大家没有双休日和节假日的概念,也没有娱乐活动,生活很是枯燥。有时候园区还会停电,我们还因为雾培大棚不能正常运行而闹得"鸡飞狗跳"。看着马铃薯雾培苗一天天地长大,尽管每天的变化很小,但是看着根部的小土豆一点一点地变多、变大,那种油然而生的喜悦是没有经历过的人无法体会到的,而这种喜悦也在马铃薯收获的时候达到了巅峰。2018年园区的雾培大棚收获了114万粒原原种,经过我们不断地修改和调整管理方案,2019年春季,园区的原原种产量达到了200万粒,这个结果是喜人的。

2019年,布拖马铃薯科技小院的工作也受到各级领导的关注,布拖县作为全国脱贫攻坚的主战场,从国务院领导调研指导到其他县领导参观学习，大家对科技小院同学的工作都给予了充分的肯定，这也让我看到了未来工作的希望。布拖马铃薯科技小院建立的意义并不仅仅局限于让科技小院的学生到基层去体验生活和进行科普，它还承载了更加艰巨的任务——帮助布拖县所有农民脱贫。用王老师的话来说，"让彝族同胞吃上不发芽的土豆"是我们科研人员最朴实的愿望。因此科技小院的工作进度一直是四川省及布拖县科协和整个马铃薯团队共同关注的焦点。2019年7月份的科技小院推进会上，四川各个科技小院入驻的研究生都进行了工作汇报，我也得到了各位领导、老师的肯定，获得了"四川省科技小院排头兵一等奖"。拿到荣誉证书的那一刻，我没有热泪盈眶，但寻找到了自己一直想要的"事情的意义"。

也正是这次推进会，我成功和布拖县科学技术协会建立了联系，这也推动了科技小院与农户建立联系工作的进展。我和科技小院的其他同学一起在布拖县开展了马铃薯晚疫病的调研，布置了散户抑芽剂示范试验，也完成了一些培训工作。半年时间过去，我终于成功地记住了所有认识的彝族同胞们的名字，心态上也发生了很大变化，原来向领导老师们介绍马铃薯品种时说的"他们布拖当地喜欢的品种米拉"也变成了"我们布拖喜欢的品种米拉"。不仅如此，我也从最开始的"白白净净"变得"黝黑发亮"。虽然很多时候是科技小院在给农户们做培训，但更多的其实是我在和布拖农户们的接触中不断学习。以前只知道起垄能够促进马铃薯块茎的膨大，但不知道斜坡上起高垄容易造成积水，起竖垄容易造成水土流失……在科技小院，我增长了许多生产实践知识，这还只是我学到的很小一部分。

一年半的科技小院生活过去了，我也即将踏上就业的道路。我同布拖马铃薯科技小院一起走过了最艰难的一年,这一年科技小院的经历让我学习到了很多在学校无法获得的知识。现在科技小院的规章和设施也越来越完善,也能为布拖县的脱贫攻坚工作做出更大的贡献。我想,这里面,我也奉献了一份力量。

> 一谈到"马铃薯",人们总想起它的"土",甚至没有"桂密岩花白,梨疏林叶红""绿杨烟外晓寒轻,红杏枝头春意闹"这样优美的诗句来赞美它。但在科技小院,马铃薯一点也不"土",它是高原上盛开的科技之花,它让我们的付出有了令人欣喜的回报,也是它,让我们明白了科技脱贫的重要性。
>
> ——徐驰

初心印记

徐驰❶

"小师妹,准备好没,马上要去科技小院了,紧张吗?"师兄师姐们打趣地问道。"嗯,我做好准备了。"我从容不迫地回答道,没有表现出丝毫胆怯,内心却早已波涛汹涌。

没错,2019年8月21日,我们将迎来中国农村专业技术协会四川布拖马铃薯科技小院的揭牌仪式,此次我的导师四川农业大学王西瑶教授将带领我一同前往四川省凉山彝族自治州布拖县,我也将由此正式入驻布拖马铃薯科技小院。此次揭牌仪式,我们将迎来中国农村专业技术协会副理事长张建华教授、中国农村专业技术协会

---

❶ **徐驰**,四川布拖马铃薯科技小院成员,来自四川省乐山市,本科就读于江西农业大学,现为四川农业大学农艺与种业2018级专业硕士研究生。

科技小院联盟秘书长李晓林教授为我们授牌、揭牌，这也是对布拖马铃薯科技小院前期工作的肯定。

  中国农村专业技术协会领导下的科技小院，我在学校时就早有听闻，它从中国农业大学科技小院延伸，使得三农的服务面变得更大、更广。虽然这是我第一次听说这样的专业硕士研究生培养模式，但通过先行老师、师兄师姐们所做的工作，我已初步了解了中国农技协科技小院在农业发展中起到的推动作用。由于课程和实验安排的冲突，团队的同学们都先我一步到达布拖马铃薯科技小院，我的心里很是羡慕，也很期待着我与科技小院的故事；但当我终于要踏上科技小院的路途时，心里反倒忐忑了。因为布拖马铃薯科技小院较其他农技协科技小院有一点特殊之处——它位于全国十大贫困县之一的布拖县，当地彝族人口占比达到了97.4%以上。想到这，我心里止不住地犯嘀咕：到如此贫苦的地方不仅会面临语言不通的问题，并且还没有完善的试验条件，如何开展工作呢？但对布拖县的好奇也围绕着我：在那么贫困的地方，我们科技小院能做什么呢？"志不求易，事不避难。"无论怎样都要实地走一趟。且让我真切地去感知什么是科技小院吧！前辈们做出的成效能否改变布拖县的贫困现状，我也要试试才能知道了！

  清晨，成都的天刚蒙蒙亮，我们便出发了。尽管一路前进，我却觉得时间过得好慢，直到中午时分，我们的车辆才驶入了凉山彝族自治州。沿途的建筑设施开始显现出彝族的特色，大街上穿着民族服饰的行人、琳琅满目的水果映入我的眼帘，我的心中忍不住窃喜，以为就要抵达布拖马铃薯科技小院了。但听到司机师傅说："如果不快一点，今天要赶不上晚饭喽！"我再次诧异了，5小时的车程原来才走了一半的路，我满心期待的科技小院到底还有多远？随着车辆的前行，沿途的风景也越来越有特点。道路旁的墙壁上，富有民族特色的图案依稀可见，上面绘着彝族人民收麦子、挖洋芋的劳动场景，朴实的描绘手法让人移不开眼。穿过盘旋的山路、高耸入云的桥梁，掠过满山肆意生长的索玛花和可调控马铃薯休眠萌芽的紫茎泽兰，我们终于抵达了布拖马铃薯科技小院的所在地——布拖县布江蜀丰生态园区。刚进园区，映入眼帘的便是大片的温室大棚，印有彝语标识的路灯矗立在笔直宽敞的道路旁。两千三百米的高海拔使我们仿佛置身于云层中，软软的云团拉近了我们与远山的距离，仿佛伸手就能够到它的美好。或许只有"衔远山，吞长江，浩浩汤汤，横无际涯"这样的词句才能描绘出这样的画面，"古人诚不我欺"，站在云端，我心里的疑虑和担忧瞬间烟消云散。

在科技小院的工作室旁我终于见到了心心念念的雾培大棚，里面生长着一箱箱雾培苗。雾培的特点是使根系均匀地吸收营养，同时从源头上避免土传病害的发生，它还有一个优点是可以及时采摘适宜大小的马铃薯。这种方式生产的脱毒马铃薯种薯原原种只需要长到质量为5g以上即可进行采收，通过增加采收次数还可以提高马铃薯的最终产量。雾培使用的马铃薯苗是从田间选取的具有优良品种特性的马铃薯植株，再经过茎尖脱毒处理和组织培养成组培苗，在一定程度上可以达到无毒的条件，恢复马铃薯植株的活性，来年播种时可以得到品种纯、产量高的优质原种。关于雾培的原理我也只是听说，而无土雾化营养液栽培这样"高大上"的设施在贫困的布拖也存在。我不禁开始好奇，仅靠喷施营养液就能结出一串串小土豆，世世代代与土地打交道的老乡们能接受这种栽培方式吗？

好在我还有很多机会去了解布拖县，熟悉当地马铃薯的种植模式。抵达科技小院的当天下午，我便跟随王老师到园区查看马铃薯的生长情况。布拖马铃薯的晚疫病一直较为严重，尤其是2019年，雨水过多导致了马铃薯大面积减产。园区里的马铃薯植株也没有幸免于难，稀稀松松地长着，有的还没来得及收获地上部就已经变黑枯萎了。但我们仍在试验田里发现了两个生长旺盛的品种，其中一个品种几乎未受到晚疫病的影响；我们观察了这一品种的叶、茎、薯、花形等，初步判定其品种特性后记录了下来。这对下一年选育抗晚疫病良种而言是一个重要发现，后续我们也可以对该品种的抗病机制以及雾培种植进行探讨。来到科技小院的第一天，我便直接来到生产一线了解马铃薯的相关种植知识，一想到能依托科技小院在布拖县开展对实际生产有帮助的研究，那一刻，我的内心充满了自豪与干劲。

然而开展布拖特色马铃薯品种"乌洋芋"调研工作的第三天，我就报废了一双鞋，这给了我一个小小的下马威。此次调研需要到乌洋芋种植面积广、品质好的拉果乡阿尔马之村和美撒乡莫此村这两个位于高山上的村庄进行，得益于优越的自然环境，当地种出的马铃薯品质优良。我们乘坐了1个多小时的大巴车到达两个村的村委会，接着徒步了半个小时进村，最后在老乡们的带领下来到了海拔近3000米的高山上，对山上种植乌洋芋的地块进行了乌洋芋的产量测定。结果显示，该地的单株乌洋芋结薯数量为7个左右，平均亩产可达1500公斤，虽然与布拖县其他马铃薯种植地区几乎年年降低的产量相比，这样的结果已经很不错了，但这也仅为成都崇州基地马铃薯平均亩产的一半左右，远远没有达到我们的期待。

洋芋在我们的印象中是卖不出好价钱的，最高的价格也仅能达到2元/斤，但这种比普通洋芋的个头小一圈的乌洋芋在市场上却能卖到8元/斤的高价。除了乌洋芋优异的品质，其产地路途遥远、运输不方便、产量低等因素都导致了乌洋芋售卖价格高、销路少。马铃薯属块茎繁殖作物，除去售卖和自家食用，当地农户每年收获马铃薯时都将剩下的部分作为种薯，用于第二年播种。长期的自留种会导致其出现病毒积累、品种退化、产量连年下降等问题。为了解决这一问题，我们采集了一些乌洋芋样本准备带回学校进行脱毒处理。当我们向彝族老乡们解释我们想要开展的工作时，他们却一脸茫然，或许是因为语言不通，或许是像之前老师们提到的："彝族老乡们怕脱毒后的洋芋不是他们喜欢的那种好吃的品种了。""路漫漫其修远兮，吾将上下而求索"，未来的科普之路还很漫长，我也将砥砺前行。

"功夫不负有心人"，通过调整园区雾培生长营养液的配比和马铃薯的采收时间，2019年，园区内的雾培马铃薯原原种产量翻了一番，数量从原来的一百万粒增长到了两百万粒，直接为园区增加了50万元的收益。同时园区内雾培大棚一年的马铃薯原原种生产量可满足布拖县全县80%种薯的用种需求，因原原种的无病毒特性会提升马铃薯产量及品质，其带来的间接经济与社会效益也不可估量，想到这，我的内心瞬间充满了成就感。但在入驻科技小院期间，我们还发现当地马铃薯除了产量不高，也存在播种时种薯活力不佳、幼苗期易发生冻害、地上部易倒伏、商品薯贮藏环境差等问题，彝族同胞现在还在吃发芽的土豆。所以布拖马铃薯科技小院的目标就是在保证雾培原原种产量的同时，提高当地马铃薯的种薯活力，改善马铃薯的种植方式，让彝族的老乡们能吃上不发芽的土豆。

一谈到"马铃薯"，人们总想起它的"土"，甚至没有"桂密岩花白，梨疏林叶红""绿杨烟外晓寒轻，红杏枝头春意闹"这样优美的诗句来赞美它。但在科技小院，马铃薯一点也不"土"，它是高原上盛开的科技之花，它让我们的付出有了令人欣喜的回报，也是它，让我们明白了科技脱贫的重要性。十七世纪时，马铃薯作为欧洲的重要粮食作物被引入中国，成为中国贫苦阶层的主要食物，对维持中国人口增长起了很大的作用。几百年后的今天，我们希望能用科技小院的力量，助推布拖县马铃薯产业的发展，为布拖县的脱贫攻坚之战贡献科技力量。

2020年，受疫情影响我们没有返回学校，而是直接来到了科技小院。这一次，我不再是孤军奋战。根据前期调研发现的问题，我们拟定了科技小院上半年的工作方案，由此展开试验并进行新成果推广。在中国农村专业技术协会、中国科学技术协会、四川省农村专业技术协会等单位以及布拖县科学技术协会吉地沙伍主席、布拖县农业农村局农技站赵汝斌站长和植保站廖为站长等领导的支持帮助下，科技小院的发展又上了一个新台阶。通过开展马铃薯脱毒种薯知识培训，无人机飞防推广，头条、微信公众号、抖音等多媒体宣传以及制作科技小院马铃薯花的周边产品等工作，我能切实地感受到布拖马铃薯科技小院的快速成长。我也从小师妹变成了大师姐，在科技小院不断学习，迅速成长。老师一直鼓励我们"要用自己有限的努力去做出无限的贡献"，团队的小伙伴们也拿出"亦余心之所善兮，虽九死其犹未悔"的豪情，发挥"尺有所短，寸有所长"的优势，将科技小院的整体工作有条不紊地向前推进着。园区的胡钢董事长总是亲切地喊我们"娃儿们、娃儿们"，尽管他每天都很忙，胡老师也不忘嘱咐我们要照顾好自己；雾培大棚管理人员曹菊华老师、林井木师傅让我感受到家人般的温暖；还有来自彝族伙伴们的关怀和热心帮助……"小徐，科技小院的同学们在忙吗？……"当园区主管生产的范强副总、生产部的鲁姑惹经理给我打电话时，我知道，我们又要上场了。

我和科技小院的故事还在继续，我将继续和科技小院共同成长，期待我们都能成为更好的自己。

我愿你可以经受磨炼，成长为你想要的样子。

我愿你可以找寻初心，守望美好并成为更好。

——于布拖马铃薯科技小院

第二章 经济作物类科技小院

中国农村专业技术协会
福建三明兰花
科技小院

> 一盆兰花，是一方风景；一缕兰香，是一种心境。一转眼，一年过去了，与科技小院相处的这段时光让我与兰花的缘更加的深，我也更加爱兰花，爱她舒展常绿的叶片，爱她素雅淡静的花朵，爱她在平凡的时光里，孕育了多姿多彩的灿烂芳华，焕发出生命的理性和色彩。
>
> ——邢玥

爱"兰"说

邢玥❶

屈原曾写道"绿叶兮素枝，芳菲菲兮袭予""秋兰兮青青，绿叶兮紫茎""余既滋兰之九畹兮，又树蕙之百亩"。陶渊明写有咏兰诗："幽兰生前庭，含薰待清风。清风脱然至，见别萧艾中。"这些名句被广泛传播，使"兰"这个词成为"君子""德人""美人""佳人"的代称。兰花属于兰科植物，为附生或地生草本植物，罕有腐生。兰花喜阴，怕阳光直射；喜湿润，忌干燥；喜肥沃、富含大量腐殖质的土壤；宜空气流通的环境。兰常分为国兰和洋兰两大类，常见的国兰分为建兰、墨兰、寒兰、春兰、惠兰、莲瓣兰和春剑七大类，洋兰常见的有文心兰和蝴蝶兰两大类。

---

❶ **邢玥**，福建三明兰花科技小院成员，来自陕西省西安市，24岁，本科毕业于安康学院，现为福建农林大学风景园林专业硕士研究生。

2019年的那个夏天，便是我与"兰"结缘的第一个夏天。对于我这个从小生长在西北的姑娘来说，福州的阳光有些许毒辣。第一次遇见宋姐，是在我的导师彭东辉老师的办公室，我泡着茶准备迎接即将到来的客人。只见一位留着精干短发、穿着朴素的女强人，略带嫌弃地看了看我泡茶的动作，无奈地说："我来泡吧。"那时候我还不知道，宋姐的全名——宋彩凤，她是中国农村专业技术协会福建三明兰花科技小院负责人，也是当地远近闻名的三明市森彩生态农业发展有限公司的总经理，即将是我今后在三明科技小院最亲近的人。几天之后，我背上了行囊出发前往三明兰花科技小院。那时住惯了热闹街市的我，只觉得这不过是个穷乡僻壤的地方，有些许抵触之感，我便问我的导师："我要在那个一点都不便利的乡下待两年吗？"彭老师只告诉我："去那边多学习。"于是，我只好硬着头皮接受了这个残酷的现实。

背上行囊从福州坐两个小时动车来到沙县，宋姐带我吃了大餐后，便驾车来到位于沙县驻源村的兰花科技小院里。当我踏进科技小院的一瞬间，一股兰香沁人心脾，令人神清气爽，使燥热的天气多了一丝宁静。随后，在一壶清茶、一抹幽香中，认识了三明市农业科学研究院许旭明院长团队的科技特派员，分别是负责科技小院兰花组织培养技术的周辉明老师和负责兰花栽培技术的林辉锋博士和莫智龙学长。他们很热情地带我去了我的宿舍，参观了基地，谈论了兰花相关的研究，科技小院的进展和未来的发展方向。企业里兰花的生产方式与学校所学的知识有些出入，在实践和理论的结合上需要深入思考，比如，兰花在闷热、不透气、浇水过多的情况下会爆发软腐病，这是一种兰花栽培中常见的病害，此病具有传染性且不可逆转，只能将兰花带病植株处理掉，避免感染其他健康植株，带来更大的损失，这也为今后的科研带来了挑战。之后，在观察了企业大规模的兰花组织培养模式后，我很震撼，这与学校所学的大不相同，学校的知识更新速度远远赶不上企业，很多从文献中得到的结论，在企业上已经是老旧的知识了。在学校里有导师悉心指导我的毕业实验，来到科技小院后有宋姐教我兰花的销售和养护，也有农科院的科研人员指导我实践经验，反过来，企业可以提供材料给院校和科研院所，企业也可以得到各方专家和研究人员的指导。三明兰花科技小院以这种三方合作的培养模式对研究生进行培养，真正做到了"理论与实践结合，产学一体化，将论文写在大地上"，这让我对自己的研究更加感兴趣，也更有信心去开展深入的研究。

  来到科技小院一个星期之后，我似乎爱上了这个地方，爱它的芬芳，它的宁静，它的质朴。这里是一块没有嘈杂闹市的净土，能将你的内心从喧闹的成年世界带回到纯粹有趣的童年世界中，让你忘了压力与烦恼，每天与花为伍，与鸟相伴，再泡一壶清茶，与质朴的村民们聊聊生活，享受慢节奏生活带给你的宁静。一段时间后，我与三明农科院的周老师、林博士和莫学长一起上山看了下后期做实验用的场地。这次实验主要是将几个兰花的品种从人工栽植的环境中重新栽植回自然生态环境中，将这些自然生态环境中的兰花与在人工温室栽植的兰花做对照处理，每隔一个月测量其相关的形态指标，主要是为了对比这些品种兰花植株的生长速度、开花率与花朵数，希望通过这种方式来催花，增加开花率，以便以后更好地繁育和推广新品种。能把生活和研究相结合起来，真是一件美好的事呀！当然，你以为科技小院除了赏花就是做实验了吗？不，科技小院生活还可以是青春洋溢的，和宋姐的女儿一起玩耍，教她做功课，带她采花，带她做实验，吃阿姨自己种的蔬菜、宋姐老公黄哥钓的田螺和河鱼，乡下的快乐不止如此。如果偶尔想要逛逛街，玩一玩，这里还有公司员工点点姐姐带你去品尝沙县的各色美食，去各种好玩的地方，还可以偶尔带着师妹享受下悠闲的日子，科技小院的生活其乐融融，不会让人感到枯燥与乏味。

"听说了吗？过两天中国农村专业技术协会柯炳生理事长要来我们科技小院视察工作。"一大早就收到了来自宋姐的消息，内心激动又紧张。为了迎接柯炳生理事长的到来，我带着师妹开始装点科技小院，我们精心挑选了十几盆公司的特有品种，如"沙阳奇蝶""皇冠明珠""瑶池月夜"等放在展示架上。为了更好地展示科技小院的工作成效，我们特意将选育的兰花品种照片打印出来，悬挂在温室大棚中对应的栽种区域上。不久后我们怀着激动的心情迎接了柯炳生理事长的到来，我们陪同他参观了科技小院的兰花品种，我为他讲解了我们科技小院特有的品种"沙阳奇蝶""皇冠明珠""瑶池月夜"的形态特征与美学特点，如植株形态、花色、花形等特点。这是我第一次为柯炳生理事长讲解，内心感到既紧张又喜悦。柯炳生理事长还亲切地慰问了我们学生在科技小院的生活和学习情况，并激励我们好好学习，好好成长。柯炳生理事长的一番鼓励，令我们如沐春风，也更加有信心携手向前，让兰花科技小院跟着我们一起成长。

"万物迎春送残腊，一年结局在今宵。"元旦过后兰花科技小院迎来了它一年中最热闹的时候，年宵花的销量是企业收入的一大主力来源，企业迎来了它最后的冲刺阶段。一大早起来我便和宋姐开始做盆景和插花，我为了这次年宵兰花大卖，早已做好了充足的准备，经常查阅资料，整理网上一些好的兰花搭配图片；学习盆景学，然后挑选合适的花与盆并将它们进行组合，每当我的作品被人买走时，我内心都充满了成就感，对自己的设计也更加的肯定。经过我精心设计的盆景比普通造型的盆景价格翻了一倍多，为企业带来了更高的销售额。除了线下销售，还有线上销售，在宋姐的带领下我体验到了人生第一次做主播的感受，我积极回答顾客有关不同品种兰花养护的问题及不同栽种地区的养护方法，通过自己所学所见积累的经验为他们耐心地解答，过程虽累，但也乐在其中。通过直播，我们三个小时就卖出了200多盆兰花，销售量远比线下销售一天的量大得多，我的销售能力又在此得到了提升。

不知不觉我来科技小院已经一年有余，在这段时间我发现，企业在选育兰花新品种时，将两个兰花品种进行杂交后，需等到第二年开花结实后对种子进行无菌播种繁殖，先分化形成根状茎，再分化出小苗后出瓶定植，仍需经过几年的生长才能再次开花，也才能判断其杂交性状。墨兰相比其他国兰，根状茎存在着增殖率低、分化程度不高的问题，我在查阅了大量相关文献并请教我的导师彭东辉、福建农林大学的周育真和艾叶等诸多老师后，结合科技小院墨兰目前的繁育状况，对墨兰的培养方案进行调整并进行试验，成功提高了墨兰根状茎芽的分化率，缩短了芽分化的时间，进一步缩短了墨兰的育种年限，为企业节省了墨兰的选育时间。随后，我跟随周辉明、林辉锋、莫智龙等其他科研人员一起努力开展兰花的选育种、切芽诱导、分化及熟化栽培关键技术攻关：已有杂交多个组合、化学诱变和单株选育新品种若干，在兰花组织培养的切芽诱导、分化上取得阶段性进展——显著降低污染率、提高诱导成功率，使得分化种苗整齐一致；通过科技小院平台，在服务当地带动就业的同时，积极助力乡村振兴兰花产业发展。在中国农村专业技术协会、福建省科学技术协会、福建农林大学、福建省农村专业技术协会、三明市农业科学研究院、三明市科学技术协会、沙县科学技术协会、中国农业大学的大力支持下，我参与并见证了科技小院的成长，它变得越来越美丽，也越来越强大。

一盆兰花，是一方风景；一缕兰香，是一种心境。一转眼，一年过去了，与科技小院相处的这段时光让我与兰花的缘更加的深，我也更加爱兰花，爱她舒展常绿的叶片，爱她素雅淡静的花朵，爱她在平凡的时光里，孕育了多姿多彩的灿烂芳华，焕发出生命的理性和色彩。万物有灵，兰花除了是我的科研材料外，从兰花身上我还懂得了人与自然和谐相处的道理，学会在逆境中求生存，拂去浮躁和世俗，我的心境也变得淡定、平和。我最庆幸的是遇见了兰花，也正是兰花，陪我芬芳了岁月，温暖了生活。

陆游曾说："纸上得来终觉浅，绝知此事要躬行。"在学校所学的知识远远不及生活带给你的收获多，理论与实践的结合，才会使兰花产业越来越好。而科技小院不仅仅是一处科研场地，更是你品味生活，挑战自己的好去处。这里有和蔼的阿姨、活泼的小朋友和质朴的农户，能够与社会和自然进行充分的接触，锻炼自己的能力，响应党的号召助力乡村振兴，衷心祝愿三明兰花科技小院能越来越好！

> 听完宋姐的介绍,我兴奋地跃跃欲试,心想,这么简单,我会了!然而现实响亮地打了我一巴掌。
>
> ——陈云

科技小院、兰花与我的缘

陈云[1]

当我的导师福建农林大学彭东辉教授向我说明兰花科技小院的相关事宜并决定让我前去学习的时候,我的内心是十分激动的。因为我母亲的名字里带一个"兰"字,所以我从小便十分喜爱兰花。而且,在中国文化中,兰草生长在幽谷中,清香淡雅、不染世俗,历来被文人雅士所喜爱,被尊称为四君子之一,我又怎么可能不喜欢呢?

中国农村专业技术协会福建兰花科技小院地处福建省三明市沙县驻源村,这里气候温暖潮湿,适合兰花的生长。这里养兰花的历史已经有很多年,是名副其实的兰花之乡,现在已经形成规模化兰花养殖基地。放眼望去,一排排的兰花种植大棚整齐有序,规模庞大。所引种的云南、贵州、台湾、浙江等地的名贵品种都已经成功,基地中的墨兰、寒兰、建兰、春兰、惠兰、石斛兰等名贵品种

---

[1] 陈云,福建三明兰花科技小院成员,来自福建省龙岩市,27岁,本科毕业于福建农林大学,现为福建农林大学风景园林学硕士研究生。

已经形成商品规模，供应市场。

初次来到科技小院便迎来一场兰花盛会，我们立刻就被各种各样的兰花所吸引。在这里我认识了三明市农业科学研究院的新朋友，分别是负责科技小院兰花组织培养技术的周辉明老师、负责兰花栽培技术的林辉锋博士和莫智龙学长。这里的老师和学长看我们对兰花如此感兴趣，便带我们好好参观了兰展。石斛兰、春兰、建兰、墨兰、寒兰，还有各种杂交品种，颜色或淡雅或浓烈，形状或中正或变异，香味时有时无，花朵有大有小，这些都令我们深深地为之着迷。他们给我们介绍了各种兰花的名称和它们的市场前景，大家都竖起耳朵认真地听着，并且掏出笔记本记下，唯恐漏掉了重要知识。

随后，这里的工作人员点点姐姐还带领我们去参观了兰花种植大棚，在参观过程中，我们也能切身感受到兰花对于养殖温度和湿度的要求，较一般植物是要高出许多的。种植尚且不容易，何况还要研发和杂交出性状稳定、形态优美的新品种。如果说原生种是天工开物的神奇，那么杂交种便是人类赋予的绮丽。我们的周育真老师一眼就喜欢上了大花蕙兰的杂交品种，回学校的时候带了几盆，爱不释手。

当天晚上我就接受了一场知识与技艺的洗礼。为了让我们更深入地了解兰花种植，公司老板宋姐——宋彩凤还带领我们学习兰花的上盆。兰花三分靠栽，七分靠管。常年管理仅占七分，而一日栽兰就占三分，可见栽好兰株在兰花培养中的重要性。上盆主要有六个步骤，分为备料、选盆、清杂、垫盆、定植、铺面，每一项都需要极大的耐心和细心。

听完宋姐的介绍，我兴奋地跃跃欲试，心想，这么简单，我会了!然而现实响亮地打了我一巴掌。

　　植料已经由工作人员备好,我们也减少了一项技术活,我知道,兰花植料的各成分配比是十分严格的,某一成分的增多或减少都可能影响兰花的生长和最终的品质。于是我兴致勃勃地去挑选了兰花,刚相中一株,正准备往外拔的时候就被点点姐姐制止了。她给我示范了一遍兰花脱盆,我才意识到原来我握住兰花的部位偏上,并且没有时不时晃动就硬往上拔,这样容易破坏兰花的根系。接下来我按照点点姐姐的指导慢慢地将兰花脱盆,然后就到了选盆的时候了。我选的兰花是一株春兰,植株小巧,花葶不高,花朵数也不多,因此我挑了一个较为方正的小盆,颜色也朴素。旁边的点点姐姐见了夸我选得好,让我窃喜了好一会儿,这也增添了我的信心!她说这种春兰最适合这种盆,将植料堆成馒头状,上面盖上青苔,摆在桌上最合适不过。我在她的指导下完成了兰花的上盆,成果令我相当满意,我也更爱兰花了!

　　"明天中国农村专业技术协会柯炳生理事长会来我们科技小院视察工作!"一到科技小院我便收到了宋姐给的好消息,我兴奋地要蹦起来,赶忙和师姐还有工作人员开始布置科技小院,以迎接柯理事长的到来。我们去大棚里精心挑选了十几盆科技小院特有的品种,如"皇冠明珠",同时还挑选了很多如今开得正好的兰花,摆在展厅,并且制作了展板悬挂在大棚里,以让参观者更好地辨别兰花品种。一眼望去,展厅里各种兰花姿态各异,颜色不一,但都优雅飘逸、不染尘埃。第二天柯理事长到来,他亲切地同我们握手,对我们在科技小院的工作和生活情况表示了关心。我们陪着柯理事长逛展厅,转大棚,为他讲解了各种兰花的品种特性,科技小院兰花的栽培营销等。柯理事长还向我询问了关于养兰的小诀窍,比如，如何给兰花浇水，浇多少量合适、时间间隔是多久；常见的病虫害都有什么，什么原因造成的，如何预防等。我流利地为柯理事长解答了疑惑，还在大棚里挑选了几盆带病植株亲身讲解示范，也得到了柯理事长的连连称赞！通过这段时间以来在科技小院的学习与成长，能够为科技小院献上我微薄的力量，我真的很自豪！

  转眼元旦将至，科技小院的兰花销售将迎来高峰，我们要生产足够的量来保证市场需求。很长一段时间我们都在组培室度过，洗组培瓶、配制培养基、接种，每一项工作量都是巨大的，尤其是接种，需要很大的耐心和定力，因为经常需要在超净工作台旁坐上一整天。辛苦是必然的，但毫无疑问，我学到了很多东西，尤其是在课本上无法学到的实际操作技巧，我的操作熟练度也在与日俱增。闲暇时间我便跟着宋姐学习兰花组盆，将两种或两种以上的兰花组合种植在一个花盆里，不仅需要上盆的技巧，还要有足够的审美水平，既要让它们有主次之分、搭配得当，又要凸显出它们各自的特色，相得益彰，就像在拼接一幅画一样。我在宋姐的指导下完成了第一幅"画作"，宋姐将它摆在接待客人的案头，毫不吝啬地夸奖了我一番。我们精心组合过的兰花盆栽，有的被摆在展厅供游人观赏，有的则被客户选中买回家中。我们的付出为企业带来了更大的销售量和更高的销售额，流下多少汗水都是值得的！

  在科技小院里，有汗水，更有欢笑。科技小院地势较偏，四周被农田围住，这里便成了我们享受田园之乐的佳地。我们在田里锄地种菜，累了就陪着宋姐的女儿玩耍，颇有陶渊明"种豆南山下"的雅致。我们也会去美食城吃沙县小吃、去河边钓鱼、去田里摘菜，回到科技小院用自己钓来的鱼、摘来的新鲜蔬菜做烧烤，夜晚坐在院子里，望着远处斑驳陆离的灯火，听着四周的虫鸣蹇窣，闻着微风中的淡淡兰香，日子过得无比惬意！

　　在科技小院的时光总是过得飞快！每一次科技小院之旅，我都能收获到满满的干货，如兰花品种辨认方法、上盆技巧、兰花病虫害防治措施、市场营销策略、组织培养方法等；同时，我也在科技小院的不断发展中贡献了自己的一份绵薄之力。收获与付出，汗水和欢笑，我在这里的每一天都充实又有趣。那一盆盆兰花随着微风轻轻摇曳，装满了我与科技小院、与兰花的深厚情谊，我知道，未来，我都与它们在一起，这是，我与它们的缘……

> 七峰叠翠还有一个小名叫"虬龙桥"。到夜晚,它就化为一条七彩的"虬龙",骄傲地伫立于沙溪河岸,任由人们为之倾倒、为之着迷。沙县,一个你来过便会爱上她的地方。
>
> ——刘舒雅

与兰共舞

刘舒雅[1]

  来到中国农村专业技术协会福建三明兰花科技小院之前,我对兰花的认识单一且片面。我小时候见过兰花,那时候我们村掀起一股兰花热潮,听说当时兰花非常值钱,很多村民都去山上挖兰花,我父亲有幸挖到过一株。我记得父亲当时把兰花放在家里的阳台养着,那时我还很小以至于根本不知道那是什么品种,但是有一个非常深刻的印象就是觉得兰花很香,是那种让人闻着感觉很舒服的味道。后来由于我们不懂兰花的养护知识,那株兰花死掉了。等我长大了一点,通过平时的学习我对兰花有了更多的认识。高中的时候,知道了兰花是花中君子,十大名花之一,是高洁、典雅的象征,与梅花、竹、菊花一起被人们称为"四君子"。这也是我对兰

---

[1] **刘舒雅**,福建三明兰花科技小院成员,来自江西省宜春市,23岁,本科毕业于上饶师范学院,现为福建农林大学风景园林专业硕士研究生。

花仅有的一些认识。

当我带着我的导师福建农林大学彭东辉老师对我的嘱托来到位于三明市沙县驻源村的三明兰花科技小院时,我闻到了兰花那独有的幽香,确认过了,这就是我小时候闻到的味道,非常熟悉。看到眼前这么多兰花,我真是满心欢喜,能和兰花打交道我真是太幸运了。近距离观察每一朵盛开的兰花,气质宛如下凡的仙子般不食人间烟火。随后我跟着三明农业科学研究院的莫智龙学长和邢玥师姐参观了宿舍、基地以及科研大楼。

在参观基地时正巧碰上农妇工人张姐、王奶奶在种苗,我发现了一个令我感到疑惑的地方。我看到工人们用镊子将组培苗从玻璃瓶中轻轻夹出,直接放入基质中培养,他们并没有将试管苗根部粘有的培养基清理出去,然而在实验室我是先将组培苗根部的培养基洗净,再放入基质中栽培。这一点就很值得我去研究和思考,在实验室里洗净培养基可以防止暴露在空气中的培养基长出菌群,从而影响兰花苗的生长。于是我询问张姐:"你们种苗时都不洗净根部而是直接种吗?""对啊,这个根部培养基不用洗,它还能给幼苗提供适当的营养,只要把水分、介质、光照时间、温度控制好,存活率也是很高的。"三明市森彩生态农业发展有限公司的总经理宋彩凤说道。我顿时陷入深深的思考。在企业的实践操作中肯定会选择效率高的方法,不做无用功。这就是在实验室很难发现到的问题,只有结合实践生产,才能找出更加高效的途径。但是我也同样明白,我们在学校学习的理论知识一定要领先于实践生产。尽管不能将一切理论运用到实践中去,可是实践必须由理论知识指导完成,这是亘古不变的真理。我们必须先学好理论知识,再结合实践,才能更好地推动一项产业的发展。我在这里也学到了很多兰花栽培的知识，比如土壤配制，兰花对培养土要求比较严格，要选用疏松、肥沃、透气性好的土壤。可以购买一些兰花专用土，也可以自己进行配制，平时可以将一些花生壳、树皮或者锯末，经过发酵腐熟以后，用来配制兰花的营养土。这样不仅可以起到疏松透气的作用，而且这些材料经过发酵后还含有丰富的营养成分，对兰花生长发育是非常有帮助的。

  实验不可能是一帆风顺的，我在进行兰花组织培养时，经常发现试管苗呈半透明状，植株矮小肿胀、失绿；叶片皱缩或卷曲、脆弱易破碎等一些"玻璃化"现象。查阅文献得知这是生理性病变，是由培养环境中的一些物理、化学和生化因子共同作用使植物组织新陈代谢紊乱所造成的。三明农科院林辉锋博士是做组织培养的，他给予了我很大的帮助。林博士告诉我，他们以前做白掌组培的时候也会出现这一类现象，但是不同种类的植物可能会有略微的不同，这就需要自己去探索，随后他发给了我一份关于他以前做白掌时的实验记录资料，让我回去好好研究一下，或许能有新发现。这份资料给了我很大的启发，我之前总是纠结于是否需要改变培养基的组成成分，然而这是生理性病变，关键因素在于培养环境，想到这，我有种豁然开朗的感觉。林博士没有直接告诉我结果，而是慢慢地引导我的思路，带领我去探索，"授人鱼，不如授人以渔"。找到了切入点之后，我和我的同伴周小琴、陈云开始设计实验，先列出了几个可能有影响的因素（光照时间、光照强度、温度、通风等），然后设置对照组实验，一个一个去探索。当我们有了一个明确的方向之后，做实验也变得有动力了。因为我们想找到答案，所以虽然那段日子我们每天都泡在实验室不停地配培养基、接种，但是我们感觉很快乐，因为我们享受寻找真理的乐趣。

"只要功夫深,铁杵磨成针",我们花了大约三个月时间,找到了一些能有效防止和克服玻璃苗的措施:可以通过增加组培室内通气,改善培养容器的通风换气条件,适当缩短继代间隔时间;也可以通过自然光照,调节组培室温度,适当提高培养基中的蔗糖含量等。"长风破浪会有时,直挂云帆济沧海",每当遇到困难的时候,我都会想起这句话。我们只有直面艰难险阻,才能一步一步跨越它,克服恐惧最好的方法就是面对恐惧。在三明兰花科技小院我还认识了很多兰花品种,有"富山奇蝶""沙阳翠蝶""四季达摩""皇冠明珠""瑶池月夜"等等,这些名字都非常有意境。兰花就好像一位多才多艺的女子,在我面前翩翩起舞。

在这里不仅仅是做实验,还有许多的欢乐时刻。有一次宋总带我们去吃了全国闻名的沙县小吃。其实去之前,我并没有抱很大的期待,因为在印象中学校里的沙县小吃并没什么特别的。但是吃完真正的沙县小吃之后,发现是真的很好吃。最让我回味的是状元饼,那叫一个香啊,还有烟熏鸡爪等等,这次的沙县小吃一行真的颠覆了我对沙县小吃的认识。那天我们还去看了一场以"最美沙县"为主题的灯光秀和3D水幕秀,它以七峰叠翠为背景,配上沙县故事的歌曲、炫彩的灯光,随着音乐的节奏,变化着、跳动着。七峰叠翠还有一个小名叫"虬龙桥"。到夜晚,它就化为一条七彩的"虬龙",骄傲地伫立于沙溪河岸,任由人们为之倾倒、为之着迷。沙县,一个你来过便会爱上她的地方。

2019年在科技小院待的时间不长,但是让我非常难忘,希望在2020年能有更多的时间和机会在科技小院学习和工作,加油!

我们站在阳光下，看着寓意吉祥的红色绸子被掀开，三明兰花科技小院的牌子也显现出来，宋姐紧紧地抓着它，脸上挂着灿烂的笑容，看得出来，她极其开心。我和师姐疯狂地鼓掌，庆祝我们科技小院的成立。虽然还是一脸的茫然和不明所以，但是，那一瞬间，我却感到无比的严肃和正式。

——周小琴

我的"初恋"

周小琴[1]

兰花，兰科植物，附生或地生草本，罕腐生。喜阴，怕阳光直射；喜湿润，忌干燥。兰花是我国传统名花，是花中"四君子"之一，也是中国十大名花之一。自古以来，兰花被看作是高洁典雅的象征，可观赏可食用也可药用。人们爱兰、养兰、咏兰、画兰，兰花在全国各地拥有大批粉丝。

依稀记得2019年的夏天，我跟着福建农林大学的艾叶老师和邢玥师姐第一次来到福建省三明市，认识了宋姐。宋姐全名宋彩凤，她是中国农村专业技术协会福建三明兰花科技小院的负责人，也是

---

[1] **周小琴**，福建三明兰花科技小院成员，来自四川省资阳市，24岁，本科毕业于绵阳师范学院，现为福建农林大学风景园林学专业学位研究生。

三明市森彩生态农业发展有限公司的总经理。在宋姐的带领下，我和师姐以及艾叶老师来到了庭院，和大家一起见证科技小院成立的重要时刻。我们站在阳光下，看着寓意吉祥的红色绸子被掀开，三明兰花科技小院的牌子也显现出来，宋姐紧紧地抓着它，脸上挂着灿烂的笑容，看得出来，她极其开心。我和师姐疯狂地鼓掌，庆祝我们科技小院的成立。虽然还是一脸的茫然和不明所以，但是，那一瞬间，我却感到无比的严肃和正式。我只是在想，牌匾一挂，科技小院一落成，大家就都有了责任感。我们要和宋姐一起，把科技小院的工作做好，推动兰花事业的发展。

  虽然刚开始不太适应科技小院的新环境，可后来，我却无比喜欢这个地方。宋姐总是喜欢带我去兰花大棚，那里是生产的一线，是能见到上万株兰花小苗的大型储备室。一进大棚，她就开始察看各个品种的兰花，并告诉我栽培的兰花有"国兰"和"洋兰"之分，国兰包括春兰、蕙兰、建兰、墨兰、寒兰、莲瓣兰和春剑7个系列，这类兰花质朴文静，符合东方人的审美标准；而洋兰，包括卡特兰、蝴蝶兰、石斛兰、文心兰、兜兰、万代兰等，也颇受大家的喜欢。当然，我也了解了兰花特殊的花结构、多样的花形以及养护管理等方面的基本知识。

  后来宋姐还带我认识了三明市农业科学研究院的许旭明院长以及负责科技小院兰花组织培养技术的周辉明老师、负责兰花栽培技术的林辉锋博士和莫智龙学长。在兰花相关研究和科技小院未来发展方向的话题上，我们聊得很开心，我喜欢这样轻松愉悦的学术交流氛围。接下来，就与周老师、林博士和小莫学长在针对科技小院一些兰花品种开花时间较晚的问题进行了实验探讨，并确定了实验方案，我有幸聆听并加入他们的实验队伍中，参与后期兰花株高、叶形和花形等数据测量以及对兰花生长形态的观察记录工作。这是我在实验方面的又一个小小进步，学到了实验设计以及实验数据采集、处理和实验后期的观察方面的知识，对自己的研究课题有很大的启发作用。

在科技小院，印象最深刻的莫过于柯炳生理事长莅临小院指导我们的工作。还记得那是一个晴朗的下午，为了更好地展示我们科技小院的工作成果，我和师姐将公司特有的"沙阳奇蝶""皇冠明珠""瑶池月夜"等兰花品种有序地摆放在科技小院的展示区。在培育兰花小苗的大棚里，我们也根据品种的不同各自给它们挂上牌，编上号，使人一眼就能了解到它的品种和生长信息。一切工作准备就绪后，我和师姐在科技小院外等待柯炳生理事长的到来，他一下车便和我们科技小院的学生亲切地握了手，还笑着问我们在科技小院的生活是否习惯。随后我们陪同他参观了科技小院的国兰精品展示区以及培育兰花的大棚。在听完宋姐的介绍和讲解后，柯炳生理事长肯定了我们科技小院的工作成效并鼓励我们再接再厉，做好兰花的科普，新品种培育，栽培技术研发等方面的工作。我也在心里默默地记下理事长对我们的教导。

当然，在科技小院我也有自己的工作，那就是在宋姐的带领下，认真宣传兰文化。我们负责幼儿园、中小学、大学等学生团体以及老年大学学员、外国友人、单位员工等社会团体的科普接待，不放过任何一个弘扬兰文化的机会。在来科技小院参观的众多团体中，我最想分享的是沙县茅坪幼儿园来科技小院春游的活动。那是我在科技小院经历的第一次接待工作，我主要负责兰花知识的科普工作，从接到预约的前一个星期开始，我的准备工作就已经开始进行了。为了能让小朋友们清楚明白地认识兰花，我在网上查阅了大量的相关资料，用接地气的词语和醒目的图片做了演示报告以便在接待当天进行讲解。除此之外，我对要用于科普的内容进行了反复的练习，确保在接待当天自己不出任何差错。虽然小朋友到来的场景我已经在脑海中预演过很多次，可当张春燕园长带着40个孩子走进科技小院的时候，我还是有一点紧张。不过小朋友们都很听话，而且他们所表现出的强烈好奇心让我迅速进入状态，一口气讲完了所有报告，并带着他们去展示区进行了"实践"。很开心的是他们问了许多问题，说明他们都有认真的思考。后来张园长向我们反馈说，这次活动很成功，效果十分理想。因为小朋友们在教室里再次看见兰花的时候仍然能准确识别出唇瓣萼片等花部，这让他很意外。而我当然十分开心，自己的努力得到了认可。凭借第一次接待的经验，在后来的接待工作中，我变得游刃有余，宋姐也说我有了很大的进步。

目前，我们科技小院已接待沙县茅坪幼儿园、智慧源幼儿园等幼儿园的春游以及沙县中小学学生的春游150多人次；接待三明市老年大学学员、福建农林大学暑期社会实践及沙县返乡大学生暑期交流班学员等100多人次，接待外国友人30多人次。学生、学员和国际友人们通过参加这些活动，认识了不同品种的兰花，能准确辨别建兰、墨兰、寒兰等兰花品种。当然，在兰花形态方面，他们能区分兰花荷瓣、梅瓣、水仙瓣等花形。而在兰花的养护栽种方面，他们也表示会通过土壤基质的干湿程度来决定浇水的时间和分量。这些活动，让大家对兰花有了新的认识和了解，对兰花文化的发扬有极大的促进作用，而我也通过参与活动，克服了面对人群时的紧张，增加了自信。

除了日常的参观接待，科技小院也进行技术培训。为了提高兰花养护的成活率以及大家对兰花的审美修养，我们会不定期对学生、周边的农户以及社会人士进行兰花栽培以及换盆、组盆的技术培训。在这些活动中，我的任务主要是教大家种兰。兰花的栽种其实很简单，把它们从培养钵里面倒出来的时候，要注意动作幅度不能过大以免伤根；然后根据兰花株型、花色以及叶色选择与之相搭配的盆钵。株型高大选择高盆，株型低则选择矮盆，而花叶和叶色则需要根据整体情况进行搭配。选好盆以后，在盆底放置有利于排水的泡沫瓦片等，然后一手扶着兰花的根部一手填土，需要注意的是兰花需要高种，假鳞茎应高出盆沿，以免积水。最后在盆周围均匀地洒下吸水石，浇水，这样，兰花的栽种工作就完成了。讲完这些基础知识后，我便和大家一起按照步骤栽种兰花。有的人会在倒培养钵的时候出错，有的人会在覆土的时候出错，也有的人会在浇水的时候出错，不过，在我耐心讲解和纠正下，大家都学会了兰花的栽种。技术培训结束后，许多人反馈自己在科技小院购买的兰花成活率大大提高了，一部分人还通过学习兰花栽种和组盆的基本技术在兰花种植基地成功就业，这对我们来说无疑是最好的消息。

不知不觉，科技小院已陪伴我度过了一整个学期。在这些日子里发生的都是我与科技小院的故事。它们是那样的可爱，那样的精彩，让我难以忘记。我非常喜欢在科技小院的生活，也非常享受在科技小院的生活。这里的环境总是如此清幽，这里的人总是如此认真和负责，这里的饭菜也总是如此美味和可口……我们住在科技小院，就像是住在自己的家一样舒适、惬意和心安。在科技小院，我总是可以把全身心都托付于它，有一种让人无法忘怀的美好感受，我把这种感觉看作是对科技小院的另一种喜欢，科技小院，就是我的"初恋"！

在科技小院开展工作的同时，我也在学习如何做人。除了认真完成科技小院的每一项工作，我也努力走进养兰人的生活，学会和他们沟通、交流，了解他们的思想和精神文化，追求如"兰花"一般的生活。在这里，我要感谢中国农村专业技术协会、福建省科学技术协会、福建农林大学、福建省农村专业技术协会、三明市农业科学研究院、三明市科学技术协会、沙县科学技术协会，是这些机构的大力支持让我得以参与到科技小院的建设之中，并且学习到很多实践知识。在科技小院，我不仅学会了兰花的栽种和养护技术，还加强了自己的实验以及科研申报、写作等方面的技能。当然，最重要的是成功收获了一枚"初恋"，这既在意料之中也是意外之喜。我希望借助兰花科技小院的平台，将兰花文化传播得更远、传承得更好。同时，也希望兰花产业发展得越来越好，我将为三明兰花科技小院献上最诚挚的祝福，愿三明兰花科技小院越来越好！

中国农村专业技术协会
福建连江官坞海带科技小院

林钦大哥给我们分享了收获海带的视频，视频中，阳光洒在海面上，海上波光粼粼，林钦大哥和员工们乘坐着小船来到了海带生长的站点上。一位农民大叔使劲地拽起一根海带向上拉，等到将这条海带全部拉上船，我们粗略估计这条海带有3米长，而普通的海带长度只有1~2米，连江官坞不愧是中国海带之乡！

——叶贤江

海带与我的青春

叶贤江❶

那份美好的回忆留在了我的脑海中，我正跨越青春的门槛；日子在走，而我却已好久没有停留。蓦然回首，发现记忆中许多美好仍然在闪闪发光。过去圆满，未来可期。

记忆中的夏天总是燥热、漫长，而2019年的夏天却注定有所不同。因为在这个夏天，我和中国农村专业技术协会福建连江官坞海带科技小院相遇了。

---

❶ **叶贤江**，福建连江官坞海带科技小院成员，来自安徽省六安市，25岁，本科毕业于安徽工程大学，现为福建农林大学水产品加工及贮藏工程专业2018级硕士研究生。

初识

  2019年7月26日上午，我和苏志琛师弟在福建农林大学东门集合，坐上陈继承老师的车前往福建省连江县。经过2个多小时的车程，我们终于抵达了连江县官坞村。走在村子里，望着远处的青山绿水和近处的村民忙碌而幸福的身影，我们的心情也随之变得平静而舒适。路上我们遇到一位伯伯，他热情地向我们介绍官坞村的历史："官坞村曾经是一个远近闻名的贫困村。20世纪80年代，当地流传一句话'有脚不踏官坞角，有女不嫁官坞郎'。""那是什么改变了村子的面貌呢？"我和师弟异口同声问道。伯伯接着说道："1987年，林哲龙退伍回乡，兴办海带加工厂，大规模养殖海带，请专家、搞试验。在全村人民的努力下，官坞终于摆脱了贫穷落后的困境，还被评为了'中国十大魅力乡村'。"原来眼前这个美丽的乡村背后有这样动人的故事，这让我们对连江官坞海带科技小院又多了些许期待。

  终于，我们抵达了海带科技小院所在地——连江官坞海带公司。稍微休整过后，讨论会开始。会上，福建省农村专业技术协会理事长吴瑞建等领导专家相继发表了讲话，共同为连江海带科技小院的未来发展出谋划策。接着，我们在林哲龙董事长的带领下参观了海带的育苗车间。整个育苗车间非常开阔，池子里注满了水，水里还有正在生长的海带。林哲龙董事长向大家介绍了海带育苗和深加工的流程，还提到了一些加工过程中遇到的问题。这与我们在室内实验室接触到的完全不同，如何生产出更好的海带产品以及实验室解决不了的问题是否可以通过加工厂解决，官坞海带科技小院为我们提供了实践的机会。

践行

为了进一步了解海带科技小院的生产问题细节，加之研究生一年级的师弟苏志琛此时课程也较少，2019年11月6日，陈老师带着我们再次来到连江官坞海带科技小院，这次我们准备在这里住一段时间通过调研了解官坞海带产品的加工情况，并探讨企业产品的研发方向。在连江官坞海带公司生产技术员林钦的带领下，我们来到了海带结初加工的包装车间。在这里，海带头、海带中部、海带嫩苗等被分类称重、装袋、封装。林钦大哥告诉我们："整个包装程序都是人工操作，不是全自动的生产线，这是海带结加工效率不高的最大原因。""是的，手工称重不好控制质量，常常出现加了多、减了又少的情况"我也发现了这个问题。经过讨论，我们认为加工厂目前面临的最大问题还是海带结这种初加工产品的技术含量不高，且市场相似产品多，容易被模仿。因此，海带精深加工技术的研发成了企业未来发展的重要方向。

接着，我们到海带结加工车间观察并体验了海带的初加工过程。车间里的海带是经过热烫和盐腌处理后的海带，工人们在这里给海带打结和进行海带分割。全程都是人工操作，不仅人工成本高还存在加工效率低的问题。林钦大哥告诉我们："海带从海里采收回来后，前期需要热烫，然后盐腌去水，这个过程盐的消耗量非常大。"苏志琛师弟点点头说："这也是个问题。虽然腌制后的盐可以收集后重复利用，但是消耗量还是很大。我们回去查了一下最新的文献，学习其他工厂的经验，看看能不能通过改进工艺，减少盐的用量或者提高盐的利用率。"

在林钦大哥的带领下，我们又来到了海带的"后勤保障处"——海带育苗室，这里有修建完善的制冷系统和海水净化系统，还有能调节光照的玻璃育苗室，确保海带苗在适宜的温度下健康成长。入冬后的水温开始接近海带生长的适宜温度 $2\sim7℃$，海带的育苗工作也在紧锣密鼓地准备中。工人们先进行海带的洗苗，洗苗可以洗去苗种表面的脏物让苗更好地生长。育苗室内温度比室外低很多，工人们做好保暖措施后便开始排水，待池水排尽后，几个人配合着对海带苗进行冲洗。宽敞的育苗室内，工人们分成两三组同时作业，给育苗池排水、洗苗，再重新注水。育苗结束后，等到第二年的3月初，我们就可以在近海收获长大的海带了。

为了研发高附加值的海带产品，我们将海带苗样品带回学校进行测定。将海带苗酶解后，我们运用超滤装置排除其他如多糖等大分子物质得到了小分子肽段后冻干，测定海带苗内的抗氧化及降血压活性。后续我们将结合分子对接等方法筛选目标抗氧化肽及血管紧张素转换酶（ACE）抑制肽，再结合质谱技术从蛋白质水解物中高效快速地鉴别出多肽，最后将抗氧化肽和降压肽与面条等食品复合，研制出高技术海带功能面条等新型食品。能将所学的知识应用到实际生产中的感觉太棒了！

收获

2020年开春，受到疫情影响，我们没办法到连江官坞海带科技小院继续开展工作。我的心里一直惦记着去年11月培育的海带幼苗的生长情况。从林钦大哥口中得知，海带幼苗在海里生长得很好，已经到了可以收获的时间。2020年2月20日，林钦大哥带领公司的员工到海面上收获海带。林钦大哥给我们分享了收获海带的视频，视频中，阳光洒在海面上，海上波光粼粼，林钦大哥和员工们乘坐着小船来到了海带生长的站点上。一位农民大叔使劲地拽起一根海带向上拉，等到将这条海带全部拉上船，我们粗略估计这条海带的长度有3米长，而普通的海带长度只有1～2米，连江官坞不愧是中国海带之乡！船上的众人望着又宽又长的海带欣慰地笑了，这是丰收的喜悦，我们海带科技小院一定要让这份喜悦更加灿烂。

抗疫期间，连江官坞海带科技小院深深牵挂着湖北。为积极响应福建省对口支援湖北宜昌计划，表达连江人民心系同胞、全力抗疫之情，在县委统战部、县两新组织党工委、县工商联的倡议号召下，在筱埕镇党委政府、福建省农技协和连江县科协的协调帮助下，连江海带行业协会和连江官坞海带科技小院精挑细选了43吨，价值100多万元的优质海带产品，联系好运输车辆后，第一时间将这批优质的海带产品装车运往湖北省宜昌市，供应给奋战在抗疫一线的宜昌市工作人员和远离家乡支援宜昌的福建医疗队员们。

过往圆满，未来可期。过去的一年，我与连江官坞海带科技小院结下了不解之缘。这份缘分越来越深，已成为我研究生生涯乃至一辈子的宝贵财富。我对接下来的科技小院生活充满期待，我会充分运用自己这么多年所学的知识，做到学以致用，为科技小院的未来发展和连江官坞的农民增产增收添砖加瓦。

未来，我们一起创造！

> 在这里，海风是常客。往小渔港前进的路上，依稀入耳的喧闹声逐渐变大，可能是我们碰上了赶海归来的渔民正好上岸的缘故，小渔港热闹非凡。远远望去，有很多外地赶来收购海鲜的商贩正和渔民讨价还价，一旁还有担夫们正在把海鲜往车上装。
>
> ——苏志琛

海带之缘

苏志琛❶

对于沿海地区的人们而言，海带是一种耳熟能详的大众食材；而对于生长在福建漳州沿海地区我来说，从小受到阿公阿嬷❷的熏陶："阿琛仔，要多吃海带呀，这个可以清热解火的"。我从小都知道吃海带好，具体有什么好呢？海带，又名纶布、昆布，其用于预防和治疗甲状腺肿的功效最早在李时珍的《本草纲目》中有所记载："昆布，释名纶布。气味咸、寒、滑、无毒。主治瘿气结核，瘰疬肿硬。"现代研究中发现，海带还具有降血压、降血脂和降血糖等诸多营养功效。目前我国是海带最大的生产国，福建省则是全国三大海带生产大省之一。从成为福建农林大学食品学院研究生的

---

❶ **苏志琛**，福建连江官坞海带科技小院成员，来自福建省漳州市，24岁，本科毕业于福建农林大学，现为福建农林大学农产品加工及贮藏工程专业硕士研究生。

❷ 指爷爷奶奶。

那一刻起，我更是与海带结下了不解之缘。我的导师陈继承老师是福建农林大学食品科学学院的副教授，主要从事生物活性成分分析检测及功能性食品研究。在和陈老师讨论课题方向时，陈老师就敲定了我未来的研究大方向——以海带为主要研究对象，对其功能性利用开展探讨和研究。

  盛夏时节的福州，连知了都在难以忍耐地躁动着，而调皮的天气也总会不失时宜地"空降"一两场"去热雨"。刚开始研究生一年级学习生活的我，初出茅庐，只得紧紧跟随陈继承老师和叶贤江师兄的步伐，努力补充完善自己的专业理论知识。原本以为日子就这样有条不紊地往前走着，突然有一天，接到陈老师的电话："志琛，你们明天没课是吧，明天早上你和你贤江师兄跟我一起到福建省连江县参加一个会议"，我没多问便一口应了下来。第二天一早简单收拾好行李后，我便跟着老师和师兄在一场"去热雨"的陪伴下前往连江县，参加"中国农村专业技术协会科技小院联盟（福建）成立大会暨科技小院授牌仪式"，此次会议是由福建省科学技术协会领导下的福建省农村专业技术协会牵头主办，我们有幸作为福建省首批建立的五个科技小院之一的校方代表参加授牌仪式。会上，中国农村专业技术协会副秘书长、科技小院联盟秘书长、中国农业大学李晓林教授作为主讲嘉宾，对中国农业大学科技小院的建设历史和发展经验做了详尽地介绍，同时也表达了中国科学技术协会直接领导下的中国农村专业技术协会筹备开办中国农技协科技小院的想法。李老师的介绍让我对科技小院的概念有了初步的了解。当天会议结束后，夜色下的天空依然是阴雨绵绵，微风中透着一股清凉，而我的心却是一片火热。

  授牌仪式后，陈继承老师也组织我们开展了数次关于科技小院建设与工作安排的讨论会。我们的科技小院——中国农技协福建连江官坞海带科技小院，是在福建省科协、福建省农技协的牵头下，由福建省连江县官坞海产开发有限公司和福建农林大学共同组建的。官坞海产开发有限公司是一家集海带育苗、养殖、加工、销售、科研于一体的农业产业化龙头企业，拥有全国最大的海带无公害良种育苗基地被农业农村部列入国家级海带良种场。种苗场位于福建省福州市连江县筱埕镇的官坞村，地处台湾海峡西岸的福建连江沿海，是一个背靠青山面朝大海的临海小渔港，连江官坞海带科技小院的驻地便坐落于风景秀丽的种苗场中。

  2019年7月26号，在福建省科协、福建省农技协和连江县科协等单位的组织下，我们在连江官坞海带种苗厂里举行了一次研讨会。一早，我们在福建省科协、农技协的带领下，从福建省农科院出发前往官坞村。曾听闻科技小院的驻地都是在贫苦之地建立起来的，不仅路途遥远、交通不便，生活条件也很差。可当我踏进连江官坞海带科技小院的大门时，我却感到一丝小庆幸。我们的科技小院虽然位置偏僻、路途遥远，但是道路却一点也不堵塞，生活条件也很好，又有怡人的风景相伴，我不禁暗喜："这今后的久驻之地也还行。"我们刚下车，便看见一位穿着整齐、沉稳干练的老先生从人群中走来，热情地招呼着众人。听了陈继承老师的介绍，我们才知道原来这位老先生是连江官坞海带种苗厂的董事长林哲龙先生，也是中国农技协福建官坞海带科技小院的主要负责人。在林先生等人的热情招待下，研讨会正式开始。会上，福建省农村专业技术协会理事长吴瑞建及连江县农技协等领导专家们相继发言，共同就连江官坞海带科技小院未来的发展出谋划策。会议圆满结束后，在林哲龙先生的带领下，我们参观了科技小院。整个海带公司的占地面积很大，这里有一整排的育苗车间以及成品海带的粗加工车间、包装车间，等等，目之所及都是我们前所未见的新事物。林哲龙先生在介绍海带育苗和深加工流程的同时，也向大家提出了一些加工过程中遇到的问题，大家讨论后针对这些问题提出了自己的想法和建议。其中，有一位大叔在休息期间找到我和师兄，一番交谈后，我们得知他是福建省连江县农村专业技术协会的理事长杨先和。杨理事长十分关心我们未来在科技小院的生活条件，他表示我们有任何问题尽管向他求助，当地农技协一定会尽力为我们解决的，不经意间我的内心深处多了一丝暖意。

科技小院初建，具体的运作流程和发展方向都需要进一步完善。2019年11月，我们再次踏上了前往官坞村的旅程，准备与林哲龙先生商讨科技小院建设事宜。浓茶清香的座谈会上，我认识了负责海带幼苗培育技术管理的林钦先生。林大哥是官坞村本地人，大学毕业后便回乡投入到官坞海产开发有限公司的事业中。由于年龄相仿，为人亲和的林大哥和我们很快熟悉了起来。有幸得到林大哥的帮助，我们对科技小院的生活环境和工作情况不再陌生。海带科技小院所在的官坞村背靠群山，面朝大海，是一个典型的小渔村，科技小院门口不远处便是一个小渔港。在这里，海风是常客。往小渔港前进的路上，依稀入耳的喧闹声逐渐变大，可能是我们碰上了赶海归来的渔民正好上岸的缘故，小渔港热闹非凡。远远望去，有很多外地赶来收购海鲜的商贩正和渔民讨价还价，一旁还有担夫们正把海鲜往车上装。不知不觉来到了村口，我们发现了一块写着"中国十大魅力乡村"的石碑。原来官坞村还曾被评为"中国十大魅力乡村"，也难怪，这里的风景十分秀丽，有了美景相伴，科技小院的工作也会增添别样的风采。

在凉爽的海风吹拂中，我们拉开了科技小院生活的帷幕，开始见证海带的成长。地处大型海带育苗种场的科技小院还有众多海带育苗池，育苗池上有温室大棚般的构造，原来是海带生长发育所需的温度比较低，进行幼苗培育时需要进行低温保障。苗场里有许多不同生长期的海带幼苗，听说很多海带达到出苗要求后会销往北方，当然一部分也会被留下来用于解决本地种植户和海带基地生产加工的需求。

秋去冬来，天气渐冷，海带是冷水性作物，当水温接近合适的生长温度时，育苗场也开始了紧张的海带育苗工作。夜间的海风带来丝丝凉意，厂里的工人们已经全副武装准备进行海带的洗苗工作了。通过洗苗，可以让海带苗更好地生长。工人们将育苗室内的水排出后便拉着长而重的水管开始对海带苗进行冲洗，洗完之后再重新注水。整片场区每一次洗苗都需要数个小时，以便为海带种苗提供最优质的生长环境。目前我们所依托的官坞海产开发有限公司已经建立了较为完善的海带生产链，对于海带的初加工已有很多经验了，在发展海带产业的同时还带动着官坞村的发展。

正如李晓林老师所说的：科技小院的研究生要能帮助企业，也要能发表文章达到毕业条件。官坞海产开发公司目前对海带的初加工已有成熟的经验，但对于海带精深加工技术的发展仍有待发掘。结合企业所需与我们自身所求便是科技小院的工作方向，于是，我们开展了海带的功能性实验研究。

跟着叶贤江师兄，我们从海带中提取活性肽，并对其进行功能性分析与研究。海带活性肽的前期提取纯化虽然不是特别复杂，可周期却不短。基本步骤为：除杂、晾干、粉碎、过筛、酶解、提取、离心、冷冻干燥、超滤等。一开始的除杂、晾干工作，我和贤江师兄齐上阵，将海带清洗干净，随后将清洗后的海带放入烘干机烘干，一般烘干时间为24小时，具体要根据后期测定的用量来确定。接下来便进行细胞组织的破碎，我们先采取机械破碎的方法处理干海带，再用酶解破碎的方法将其中的蛋白质提取出来。由于实验仪器并不能满足样品的大批量处理，我和贤江师兄便轮番上阵，将海带仔细研磨粉碎，再用孔径为100目的筛子筛分得到海带粉。这个步骤真是一个体力活，一天下来，我们两个大汉研磨、筛分得到的海带粉质量也不过100g。之后的酶解，更是考验我本科实验技巧积累的程度。首先将海带粉用蒸馏水溶解，接着开始配制盐酸和氢氧化钠溶液调节pH值，先在海带溶液中滴加盐酸溶液并用pH计读数，将海带溶液pH值调至5；接着添加蛋白质水解酶进行水浴加热（酶解）45分钟，再用氢氧化钠溶液调节pH值使读数大于7，最后搅拌提取。这个步骤最不好操作的是调节pH值，需要一直集中注意力，一天下来保准沾床就睡着。接下来便是将样品离心后进行冷冻干燥，由于用到的冻干机需要提前预冷到-80℃才能进行冻干，并且每次冻干都要一天的时间，整个步骤结束需要花费两周的时间。后续还要对样品进行超滤以得到大小合适的海带活性肽，我们便将冻干后的样品暂时存放于-20℃冰箱中保存备用。尽管只是对海带中功能性成分的分析鉴定，但涉及的仪器众多、步骤繁杂且实验周期长，作为新手，我在帮助师兄处理样品的同时也学习了许多实验技巧，并逐步完善了自己的实验方案。

  科技小院初建，我们的试验工作也还处于探索阶段。在开展科技小院工作期间，连江县农技协理事长杨叔叔时常来电慰问我们，关心我们在科技小院的生活情况。虽然还有很多工作等着我们发掘，不过我相信有了农技协等单位的支持和帮助，连江官坞海带科技小院一定能发展得更好。

中国农村专业技术协会
福建平和蜜柚科技小院

我相信力的作用是相互的，我发出我的光和热，也必然收获到他们的善和暖。在城市的丛林里长大，习惯了邻里之间毫无交流的我，在这样毫无隔阂的环境中成长真有受宠若惊的感觉。原来，人与人之间的亲密能够让人这么舒心。

——杨金昌

我的"知青"岁月

杨金昌[1]

梦想启航

"我们那个年代，能吃上柑橘是很高兴的事。以前我最想学的专业是园艺学，但是名额有限，报考的人又多，我才走上了医生这条路。"爷爷的这番话，是我对梦想的最初印象。受中医爷爷的影响，从有思考能力开始，我就被鲜花的多彩、走兽的灵动、飞禽的自由和鱼虫的安逸所深深吸引。

我常思考：生命到底从何而来，又将从何而去？短短的进化历

---

❶ 杨金昌，福建平和蜜柚科技小院成员，来自云南楚雄市，24岁，本科毕业于昆明学院，现为福建农林大学资源利用与植物保护2018级专业硕士研究生。

史，人类如何站上生物链的顶端？这一系列的疑问一直伴随着我的成长。在学习初高中课程的过程中，我表现出对生物学的强烈兴趣，生物学在理科分数中经常取得最高的成绩，对植物和生物的热爱伴随了我整个初高中教育阶段。

带着对生物学的浓厚兴趣，我的本科专业选择了园林，也把养花种草当做了我人生中的重要爱好。本科校园每一处花草的呢喃我都听过，亲自打造的小小多肉园也承载了我简单而闲适的满足。

在植物世界中不断探索、不断推翻自己想法的过程中，我心底的声音也越来越坚定：我渴望拥有一个果园，拥有一种偏原始的农耕生活。我想通过自己的努力去构建它，哪怕要面对粗茶淡饭。但只需要一间屋舍，一片山林，一汪清泉，我便能拥有属于我的乌托邦。

如今的我们都有选择自己爱好的权利，是很幸福的一代人，如果说自己是对生命科学满怀好奇，那么我的爷爷则是渴望拥有土地去播种甜蜜的生活。现如今，我带着爷爷的果园梦，在福建省漳州市平和县开展蜜柚相关课题的研究，爷爷的梦想，也从我入驻中国农村专业技术协会福建平和蜜柚科技小院的那天起，有了实现的雏形。

一滴不剩

2018年8月，我随福建农林大学国际镁营养研究所郭九信老师第一次到平和县调研。路上，郭老师指着远处的山头说："能开垦的土地，都种满了蜜柚。"放眼望去，是啊，哪里还有原始林的痕迹呢？第一次看到平和县成片的蜜柚林，我还在内心憧憬着树下乘凉的惬意逍遥。可谁能料到八月的平和一点也不"平和"。刚踏出车门，滚滚热浪仿佛要把我拍在地上，内心对蜜柚的好奇与兴奋在升腾的热气中仿佛也变得不再热烈。

我们跨越了大半个平和县，海拔高至霞寨镇，低至坂仔镇，地形曲折如南胜镇，隐秘似长乐镇。通过调研果农的农事操作方式，我们了解了平和县蜜柚产业的种植情况和果农们的种植想法。与果农进行了充分交流后，我最大的感受是：每位果农都有一套蜜柚管理技术方法，这主要是由平和县地形复杂和科学种植技术缺失引发的，柚农们的种植自成体系。多数果农认为施肥量是影响产量的第一要素，多施用化肥才不会"饿"到蜜柚，却忽略了过量施肥会造成土壤板结和酸化的问题。再者，同一个县不同乡镇的蜜柚成熟时间、品质差异很大，当年的收入往往决定了果农来年管理果园的态度。例如小溪镇、坂仔镇的种植户收成较其他乡镇高，他们便舍得大量投入资金、人力；霞寨镇、高寨镇的果农收成低，有的甚至连续两年没给蜜柚园施用化肥。

印象最深的是高寨镇的一个果农，由于种植地的海拔过高，他的蜜柚出现了成熟晚、品质差、产出与投入不成正比等问题。提起这些艰难的岁月，他的眼中满是酸楚。盲目地跟风种植在整个平和县掀起了"蜜柚热"的黄金浪潮，因地制宜的观念却没能贯彻落实。伤心的果农说："一分钱不赚，如果施肥还要倒贴，这两年都是随它去了。"一滴不剩，如同炙热的空气榨干了我体内的汗液，一分钱不赚的窘境其实不是个例。

"从心"出发

经过一个学期的课程学习,我对资源环境、生态生产等专业知识有了一定的储备。与导师、师兄师姐交流讨论后,我对平和县的产业现状也有了更系统地认识。高度集约化、高投入、高产出——用这"三高"来形容平和的蜜柚产业最为贴切不过了。四月不到平和闻柚香,可能不能理解什么叫作花漾芬芳。花虽香,果园里的土壤却没有那么清新淡雅;酸化的魔爪从过量施用化肥的土壤中伸出,蹂躏着土壤的健康,带来了一系列的环境污染问题。

2019年5月14日,我正式入驻中国农技协平和蜜柚科技小院,主动请缨时的热忱与兴奋、刚踏入科技小院时的坚定与责任,如今仍历历在目。

我一直盼望着有一天能长期驻扎科技小院,体验不一样的田园生活,但前期有许多工作需要和合作方准备和协调,科技小院的每一位成员都为之付出了很多努力。从第一次到平和调研开始,我就在思考:究竟要如何才能让当地果农意识到化肥过量投入带来的危害以及减少肥料投入的必要性呢?叶片黄化都是因为缺乏镁元素引起的吗?……这一连串的疑问驱使我不断探索,也让我"从心"出发,一片热忱正带我乘风而上。

"两条腿走路"

一条腿是没法把路走好、走直的,顶多算得上"跳"。身在生产一线的我们,肩负自己的科研使命,更应该发挥自身优势,让更多人接受科学的种植技术。在农户培训会上，当我介绍当前科技小院取得的科技成果时说："咱们平和县，大家化肥都在过量投入。你家每棵树一年施肥10斤，他家每棵树一年施肥12斤，那家更多！大家都在攀比，认为施肥越多产量越高；其实不是的，我们从2016年开展至今的示范试验证明，每棵树一年施肥8斤，产量不降反增，我们的成本降低多少？若是大家将肥料用量都减少一半，平和县一年可以节约肥料成本10亿余元人民币！"听到这，台下的果农们一片哗然。培训一结束，大家都争着来加我的微信，并表示自己也想减少化肥投入，还向我请教自家的果园应该怎么管理。你看，果农在看到真实的科研数据后是多么迫切地想做出改变！

我的课题是关于镁肥不同用量对蜜柚产量和品质的影响。接手试验地的时候，果园的树体整体衰弱，叶片黄化严重；经过了一年的科学管理，试验地的蜜柚整体长势好转了许多，第一年的产量就让周围的农户称赞不已。路过的果农伯伯说："你们科技小院可真是科学种蜜柚，去年这块地产量和我家的差远了，怎么你们一来今年产量和我家的差不多了？"我自豪地向他们介绍试验地的减肥措施。他们不知道的是，看似简单的减肥方案，背后是导师们四处调研走访，请教蜜柚种植专家，夜以继日讨论试验方案以及研究生精耕细作共同努力的成果。认真做好课题，用真实数据去讲动人的故事，这才是我在科技小院"两条腿走路"的方式。

先不说教授们、研究生们能为地方产业带来怎样的变革，在当今"空心化"的农村形势下，有人关注产业发展，并为之努力改变潜心研究本身就是一件好事。更何况，在农资使用混乱、种植者理论知识匮乏的大背景下，光是推动减肥增效一个理念，每年为当地带来的经济效益、生态效益和社会效益都无比巨大。

我第一次对做一件事感到如此自豪，能参与到小院的工作中来，实属我的荣幸。从零开始建设平和蜜柚科技小院到现在的稳中求进，我的个人成就感、知识储备和生活技能等各方面的提升都是迅速而悄无声息的。我们自己决策科技小院的布置建设、接触各行各业的人、应对各种生产的实际问题，自己做饭、洗衣，甚至是画图纸设计科技小院的大棚。

有时候农忙结束，我会坐在我们自主画线的篮球场边，吹着风，感受这份田园生活的纯粹与美好。在平和县，目之所及，都是我们的研究对象——柚子，接触的人和事也都与柚子密不可分。这里的人们勤劳善良，用自己的双手创造着财富。他们热情好学，将我们视如己出，一边积极地同我们探讨怎么种好柚子，一边摆上碗筷让我们必须吃了饭再走。

"你们是人才，是我们县产业发展的希望和动力"平和县科学技术协会主席赖艺玲在刚和我们见面时这样说。赖主席一直心系平和蜜柚科技小院的发展。从科技小院的筹备、启动到运转，赖主席都为我们提供了非常多的帮助。这也让初来乍到的我们有了更多底气和信心。"金昌，你们那里的技术宣传册还有吗？隔壁长泰县科协主席跟我提了很多次，想要学习咱们科技小院的技术成果。"赖主席跟我提这件事的时候，话语中充满了自豪。中秋佳节时，赖主席和坂仔镇的镇委书记等领导还到科技小院慰问同学们，与大家一同过了团圆节。有时候觉得赖主席像我们的好朋友，有时候又像我们的知心家长，细心关注着我们一点一滴的成长。

五星村村长赖建才和书记黄国义更是平和蜜柚科技小院的好朋友了，因为科技小院设立在村委会，我们的日常工作都会和他们有交集。每逢大小节日，赖村长和黄书记这两位老战友都会邀请我们到家中坐一坐，在欢乐的氛围下，我们仿佛置身于家宴中。哪怕我们听不懂闽南话，他们也会耐心地给我们翻译一遍，顺便教一教我们说闽南话。记得有一次，我和张卫强同学一起从地里采集完样品回到科技小院，刚好遇到黄书记。书记看到我们没有戴帽子，一脸怜爱地说："下次可一定要戴帽子，天气太热了，你们也是家里的宝贝，父母会心疼的。"说完，黄书记便从屋子里拿了两顶帽子给我和卫强，那顶迷彩配色的帽子深得卫强喜爱。

最让我感到温暖的是五星村村民林新民，他是国际镁营养研究所多年的合作伙伴，从2016年就开始参与我们的示范试验。刚入学的时候，我随许修柱师兄到他家拜访过，当时的唯一印象就是林师傅非常热情好客；每次到他家都是又泡茶又端水果，还把自己宝贝孙子的零食拿出来给我们吃。后来，我们到科技小院常驻后，林师傅便帮我们做试验地的农事管理；随着日常生活的交集增多，我们的关系也愈发亲密。有一次一起干完活到他家吃饭，村长和书记打趣地说："老林，这几个孩子和你那么亲，干脆你当老干爹好了！"林师傅听完高兴地说道"太好啦！我有三个宝贝干儿子干女儿了！"就这样，我自然而然地收获了一位干爹，异乡收获的亲情让我们都非常感动。其中有个小插曲我记忆犹新，有一天晚上我们准备把试验用的果实暂时搬到林师傅的家中存放，林师傅在前面骑着电动车给我的三轮车照明。这时路过的一个醉汉对我破口大骂，我听不懂方言便自顾自地往前走着；可是醉汉一路跟着我到林师傅家门口，一面念念有词，一面想要动手碰我，林师傅气得要上前打他。后来周围的村民都出来了，让醉汉快点回家。林师傅说："这是我的儿子，你碰他一下试试！"我一面感动，一面赶快把他拉到一旁，让他赶快消气。人们都说，只有家人会在任何时候为你挺身而出，我想那一晚是我在异乡找到家人的一晚。

梦想发光

在平和蜜柚科技小院的时光，满足了我的许多念想。在这里，我们能充分了解闽南地区的风俗和人文特征。从庙宇屋檐上几位舞刀弄棒的小人身上，我看到了闽南地区人们的闯劲和质朴，这里曾经把香蕉种得全国出名，如今种蜜柚，还是全国出名。闽南人对所追求之物的执着和热切，让他们宛如一位位阅历丰富的戏曲演员，在时间的长河里闪闪发光。

一次次农民培训会、田间观摩会的组织和顺利开展，让我的"果园演说梦"也随着科技小院的声名大噪一起发光发热。在传播绿色种植管理理念的同时，我也学习了很多宝贵的田间生产经验，包括用黄豆发酵叶面肥、水肥等。对科学种植管理的执念，不仅是对美好生活的不断追求，还是属于乡野田园的终极浪漫。有时候我会问自己："到底是我影响了他们，还是他们影响了我？"我相信力的作用是相互的，我发出我的光和热，也必然收获到他们的善和暖。在城市的丛林里长大，习惯了邻里之间毫无交流的我，在这样毫无隔阂的环境中成长真有受宠若惊的感觉。原来，人与人之间的亲密能够让人这么舒心。

我与科技小院的故事还在继续，无论是点滴的乡村生活日常，还是忙碌的研究和农业生产工作，我都乐在其中，也希望自己能够从中品尝到人生更多更甜美的味道。

按捺不住内心的兴奋，我拨通了与父亲的视频电话，急切地与父亲分享这美丽的景色。我可爱的老父亲如我一般激动万分，用那熟悉的乡音发出了内心的惊叹："见过柚子，但没见过挂在树上的柚子，我以为那么大个的水果一棵树只挂五六个呢，竟然能挂五六十个！儿子比我有出息啊，开了老爹的眼界！"

——张卫强

"柚"你更"镁"

张卫强❶

金秋时节，瓜果飘香。在这个美好而又让人陶醉的季节里，我初次遇见了中国农村专业技术协会福建平和蜜柚科技小院，也正是这一次的遇见，让我与"她"有了不解之缘。

2018年8月25日，在我的导师福建农林大学国际镁营养研究所吴良泉老师的带领下，我第一次进入蜜柚园，一颗颗金灿灿、黄澄澄的蜜柚映入我的眼帘。这一壮观的景象让我这个生在北方，只知蜜柚其味不知其源的人内心激动万分。按捺不住内心的兴奋，我拨通了与父亲的视频电话，急切地与父亲分享这美丽的景色。我可爱

---

❶ 张卫强，福建平和蜜柚科技小院成员，来自山东省潍坊市，26岁，本科毕业于青岛农业大学，现为福建农林大学资源利用与植物保护2018级专业硕士研究生。

的老父亲如我一般激动万分,用那熟悉的乡音发出了内心的惊叹:"见过柚子,但没见过挂在树上的柚子,我以为那么大个的水果一棵树只挂五六个呢,竟然能挂五六十个!儿子比我有出息啊,开了老爹的眼界!"吸引我的不仅是这里的蜜柚与美景,还有热诚的农民;虽然语言交流存在些许障碍,但从他们脸上的笑容饱和度,我们能感受到他们浓浓的好客之情。虽是农民,但,这是一群高素质的农民。初次见面便让我这个外乡人深深地迷上了这个地方,幻想着某天自己能够在这里生活一段时间,感受福建省平和县坂仔镇这个南方小镇的乡土气息。

至此,我的"觅柚"旅途正式开始!

机会总是那么的可遇而不可求。2019年3月中旬,我带领5位福建农林大学本科生到平和县开展镁肥市场调研。这是我第一次独自带队来到平和,心中虽有些忐忑,但又充满期待,也终于可以近距离了解当地的风土人情了。可能是第一次来平和时所见的"柚海"给我留下了深刻的印象,再次来到蜜柚之乡,这里的蜜柚园和房屋让我充满了亲切感。在平和农化服务公司全优保农资店经理周炎辉的帮助下,调研小队走进平和县各个乡镇的肥料销售点开展调研工作。调研期间,肥料零售商不仅泡茶给我们喝,还拿出水果招待我们,他们的热情让我体验到了贵宾级的待遇。尽管个别零售商听不懂普通话,但通过肢体语言我们能够大体明白彼此想要表达的意思,调研过程还算顺利!调研结果显示,平和县镁肥虽种类繁多,但其品质与价格参差不齐,导致农户在挑选肥料时存在很大盲目性;用错肥、施错量、花钱买不到好肥料的情况比比皆是。农户在选购镁肥时受肥料价格因素影响较大,大多选择七水硫酸镁等便宜的速效镁肥。但是速效镁肥是否适合施用于蜜柚树?如果用缓效镁肥替代速效镁肥结果会是怎样？缓效的替代效果是否有可能优于速效镁肥？我带着调研过程中发现的这些问题与我的导师吴良泉老师进行了讨论。最终，我的硕士研究课题被定为"不同性质的镁肥在酸性土壤的释放特性及农学效应评价"。

没有接触生产实践，如何进行科学地评价？想到这，我陷入了深思。

正当我为如何开展自己的课题而探寻答案时，2019年5月中旬，平和县科学技术协会赖艺玲主席与吴老师协商在平和县建立平和蜜柚科技小院。想到我和蜜柚、村民们的美好"姻缘"，我满怀期望地向吴老师申请到科技小院进行学习和工作。吴老师看到我一副胸有成竹的样子，再想到我有在平和实践的经验，便没有对我过多考核，很快同意了我的申请。5月17日，在吴老师的带领下，我和杨金昌同学一起来到平和县坂仔镇五星村村委会。刚下车，我们便受到了五星村书记黄国义和村长赖建才的热情招待。黄书记开心地说："欢迎老师和同学们到我们五星村安家落户，我代表五星村村民欢迎大家的到来，村里会力所能及地给你们提供一切便捷服务！"在村里的大力支持下，科技小院的学生宿舍被安置在村委会办公楼里；村里的卫生室成了科技小院的实验室；村里养老院的闲置房间也被清理出来，作为科技小院的物资存放室……虽然科技小院的各种实验器材都很匮乏，但村里却尽力为我们提供了很好的生活条件，接下来我们要将这些条件利用好，认真开展科技小院工作。

为了2019年6月14日中国农技协福建平和蜜柚科技小院揭牌仪式的顺利举行，赖主席和吴老师在揭牌仪式前期多次到五星村商讨揭牌相关的筹备工作。为了让领导和周围农户更好地认识和了解科技小院，我和杨金昌以及研究所的其他同学分工制作了科技小院的宣传展板。我主要负责的板块为"国内外柑橘养分施用量对比及平和县养分含量分布图"；通过阅读大量文献和汇总数据，与吴老师讨论后，我们最终确定了展板的外观及内容；我也准备了揭牌当天为各位领导介绍科技小院示范基地的讲解稿。担心自己因紧张而造成的讲解疏漏，开讲前我进行了反复预讲，当一切准备工作都完成，揭牌仪式也如期举行。6月14日，国际镁营养研究所的所有老师和同学们到达科技小院，每个人都满怀期待与兴奋，准备共同见证这一光辉的时刻。上午9时许，中国农村专业技术协会理事长柯炳生，平和县委书记郭德志，平和县委常委、组织部部长谢笑英等领导共同出席了科技小院的揭牌仪式。仪式上，柯理事长和郭书记发表了重要讲话，鼓励我们身在一线的同学们要敢吃苦、敢创新，发挥科技小院的最大职能。随后在我和杨金昌同学的陪同下，各位领导参观了科技小院。在听完杨金昌同学关于科技小院的介绍后，柯理事长亲切地说："你们在这边工作得很努力，很优秀，我通过你们的肤色就可以清楚地感受到了，辛苦你俩了，注意防晒，保持初心，继续努力！"得到柯理事长的肯定和鼓励，我的心情久久不能平复，觉得之前付出的一切都是值得的，所有的苦累都在那一瞬间烟消云散了。2019年6月14日对中国农技协平和蜜柚科技小院来说，是载入史册的一天，从此，平和蜜柚科技小院将以崭新的姿态伫立在蜜柚之乡——平和县。

　　科技小院正式成立后，为了让更多农户感受到科技小院的真实作用，我和杨金昌同学分别在坂仔镇政府、五星村村委会组织了三场农民培训会。针对平和县蜜柚普遍存在过量施肥、缺少钙镁等中量元素以及土壤酸化等问题，我们进行了蜜柚缺素症状科普，并向农户分享了蜜柚科学施肥和管理的方法；帮助当地农户解决了许多蜜柚生产管理中遇到的难题，培训会得到了很好的反馈。随着科技小院的名声在当地越来越大，大家也对这个"田间科研机构"寄予了厚望。"种了大半辈子田地，土壤养分含量却不清楚，这地种得有点糊涂啊？"五星村村民赖坚章爷爷无奈地说。很多农户希望我们能够帮他们测定蜜柚园里的土壤养分含量，但是土壤养分的测定并不是一件容易的事。由于每种养分的测量方法都不同，将营养元素从土壤浸提出来后还要进行仪器预约，排队后才能测定，整个测土周期较长。吴老师得知这个消息后很重视，因为测土能帮很多农户了却多年的心愿，解析柚园土壤的实际问题，同时还能让科技小院获得大家的信任。于是，2019年8月，由我带着研一的师弟师妹到农户的蜜柚园里，按照试验地的取样标准采集土壤样品。这项工作受到了村民一致好评，现在，五星村里的很多农户也开始效仿科技小院试验地的施肥管理模式，其中，氮肥（N）施用量由原来的1200kg/ha降到了400kg/ha，磷肥（P_2O_5）施用量由1000kg/ha降到200kg/ha，钾肥（K_2O）由1100kg/ha降到400kg/ha，科技小院的减肥工作也逐渐得到了农户的响应。

在服务好三农的同时，我们也要把科研工作做好。科技小院的实验室虽然可以进行样品的烘干等前期处理，但没有用于养分测定的仪器，样品经过简单的前处理后需要马上邮寄回学校排队进行养分测定。后来，在平和县科协主席赖艺玲和吴老师的共同努力下，科技小院争取到了平和县农业农村局实验室的使用权。科技小院的学生今后可以直接到县农业农村局的实验室进行样品测定，避免将时间浪费在科技小院与学校的路上，极大地方便了我们的试验工作。于是，经常会出现这样的画面：上午，同学们头戴斗笠在田间挥汗如雨，下午便披上白大褂到县城实验室处理样品。就像一个人可以有两种截然不同的身份一样，在科技小院，我们既是农民又是科研工作者，感谢科技小院让我有了如此丰富的人生经历。

　　镁肥市场的调研让我找到了研究课题，科技小院的生活让我对课题有了更深的理解。通过调研，我们发现平和县的蜜柚园镁元素缺失的情况较严重，农户选择镁肥的过程中存在很大的盲目性。究竟什么性质的镁肥适合平和县的蜜柚园，目前还没有科学的依据，因此探究不同性质镁肥的有效性在当地具有重大现实指导意义；更重要的是，我可以通过科技小院将我的试验成果及时与农户分享，这也正是科技小院"零时差"的服务理念。

　　与农户常规施肥相比，氧化镁在土壤中的有效性较好，能够缓慢地释放镁元素供蜜柚生长。我将这一试验结果及时分享给了农户们，并为他们提供了选购镁肥品种的建议。此外，为了验证不同类型镁肥在酸性赤红壤中的有效性，选出对作物生长有效性最好的镁肥，我准备在做大田试验的同时也在科技小院开展盆栽试验。但看着铺满水泥的篮球场，我有些苦恼：科技小院似乎无法满足盆栽试验的基础条件。和导师吴良泉老师沟通好后，我开始筹建大棚。之前没有接触过这方面的工作，不知如何下手，但经过一年的科技小院生活，我的言语表达和动手能力都得到了很大的提升。坂仔镇没有大棚，我便到山格镇寻找合适的大棚规格，进行大棚尺寸的实地测量，再根据试验要求自己计算大棚尺寸，请人制作大棚铁架等。第一次到山格镇时，由于当地丘陵较多，大棚位置比较分散，也没有当地人带路，所以前两次都没有找到标准的拱形大棚。经过不断打听，我找到了专门进行大棚建设的吴东叔叔，吴叔叔得知我是研究生，脸上满是惊讶与不解。"你应该在学校好好读书的，怎么会跑来这里建大棚呢？"等我给叔叔介绍完平和蜜柚科技小院，叔叔朝我竖起了大拇指，称赞道："你们是造福农民的！"随后认真地为我讲解大棚建造要注意的问题，并答应到坂仔镇为科技小院搭建大棚。听到叔叔的肯定，我按捺不住内心的激动，感谢自己的坚持，感谢科技小院的引路。

都说实践出真知，科技小院的美好经历将会是我人生中一笔宝贵的财富。希望科技小院在祖国遍地开花，让更多的学生在科技小院得到锻炼，成为对农民有用、对环境有爱、对自己负责的三好学生。

> 人人都说农业累，殊不知，求知路上的快乐也喜欢和辛苦如影随形，甚至在某一时刻变得难舍难分。林语堂说："人本过客来无处，休说故里在何方。随遇而安无不可，人间到处有花香。"在这样温暖的地方，有一群温暖的人。
>
> ——黄晓曼

我的"考古"旅程

黄晓曼[1]

"我经常思念起自己儿时常去的河边，听河水流淌的声音，仰望高山，看山顶云彩的变幻"。每当读完中国现代著名作家林语堂描述故乡福建省平和县坂仔镇的句子，我的眼前总会浮现坂仔镇五星村的熟悉模样：一望无际的柚海，绚丽变幻的云彩，宝石般闪耀的繁星，热情善良的平和人……

平和琯溪蜜柚是芸香科柑橘属柚类中最优良的品种之一，系福建省平和县著名的地方传统名果，至今已有500多年的栽培历史。琯溪蜜柚具有果大皮薄、瓣内无籽、多汁柔软、入口即化不留残渣、清甜微酸、味极永隽等优良特点，深受国内外消费者好评，有

---

[1] **黄晓曼**，福建平和蜜柚科技小院成员，来自广东省潮州市，25岁，本科毕业于江西农业大学，现为福建农林大学资源利用与植物保护2018级专业硕士研究生。

"柚类之冠"的美誉。平和县是全国最大的柚类生产基地县和出口基地县,素有"中国柚乡""世界柚都"的美称,全县蜜柚种植面积80万亩,产量超100万吨,产值50亿元。初到平和,我们目之所及的,不论是远处的山坡、眼前的平地还是连贯两村的高速路旁,都有柚子树的身影,像是二月的春花,开得漫山遍野。这一繁盛的景象让人不禁好奇:昔日的朝廷贡品究竟历经了多少沧桑岁月的洗礼,才得以发展成今天这般庞大的产业?如此单一的种植模式,难道不会阻碍其他产业的发展吗?

为了回答这一系列的问题,自2016年起,福建农林大学国际镁营养研究所吴良泉老师团队在平和县开展调研工作,深入了解当地的农业模式、产业结构和种植现状。通过调研,吴老师团队从整体上摸清了平和地区蜜柚产业的高度集约化、化肥投入过量和土壤问题突出等现状。在长期的经济作物种植背景下,伴随着当地果农的高收入,化肥农药的高投入成为普遍现象,同时,在这样不良的种养模式下,蜜柚品质出现下滑趋势,给整个平和蜜柚产业带来极大隐患。基于这样的产业背景,建立一个公益的科研示范平台成为吴老师团队的首要目标,科技小院模式与平和蜜柚结缘的种子,也开始悄悄萌芽。

2019年6月14日,在中国农村专业技术协会、福建省科学技术协会、福建省农村专业技术协会等单位的携手推动下,盼望已久的中国农村专业技术协会福建平和蜜柚小院终于揭牌啦!初来乍到的科技小院,一提出减肥增效的理念,免不了要遭受当地果农的质疑,种了二十多年蜜柚的果农问吴良泉老师:"柚子挂果那么多,您要减少一半以上的化肥投入,柚子树岂不是要被饿死啦!"面对果农们的担忧,吴良泉老师当即向准备进行示范试验的合作农户作出保证："今年化肥用量减少一半，若是柚子减产，出现多少损失都由我们来承担，大家同意现在就可以签协议。"听到这句话，柚农们心里悬着的石头总算落了地，就这样，科技小院与农户合作的示范试验才得以在平和落实。

早在平和蜜柚科技小院揭牌那天，中国农村专业技术协会柯炳生理事长便曾提醒我们田间观察的重要性："要看最坏的，也要看最好的，不要来了科技小院就一头扎进去"；"质量第一、产量第二，质量决定卖不卖得出去，产量决定能卖多少。"柯理事长的话，点醒了缺乏田间实践经验的我，让我不禁开始思考自己未来的研究方向，也正是这一番话，让我在"考古"的道路上越走越远。

"你们刨柚子树做什么？"当耳边响起熟悉的闽南口音时，太阳已经爬上了梢头，四周煎鸡蛋般的温度灼得我们睁不开眼。眼前这位农户的发问，让正埋头苦干的我们抬起了头，吴良泉老师抹了一把鬓角的汗水，笑着回答："挖宝藏呢。"那是2019年4月底的一个清晨，吴良泉老师带着我和杨金昌同学到五星村村民林新民师傅的柚子园里查看蜜柚长势。这是吴老师2016年开始和林师傅合作的一块蜜柚试验地，眼前的柚子树不仅枝繁叶茂，绿叶掩映下的果实还粒粒圆润，悄然散发着柚香。听说林师傅将这块地的化肥用量由原来的每年每棵树16斤降到了每年每棵树8斤，还施用了2斤的熟石灰进行土壤酸性改良。"也不知道调酸后的柚子根系长得怎么样？"说着，吴老师便拨开蜜柚树下的杂草查看土壤情况；树荫遮蔽下的蜜柚地松软湿润，用锄头可以轻松刨去表层的植被。"先挖八分之一看看"在吴老师的提议下，我们找来卷尺，从距离树干1.5米处开始挖。我们先用锄头刨除夹带杂草的土壤，露出表层的柚子根后，再用小挖勺和扁头螺丝刀细细"雕琢"——避免挥动锄头的力度把控不好而切断了柚子根。等到接近树干20厘米的时候，原先粗壮的侧根开始"萎缩"成直径小于2毫米的吸收根。担心锋利的铁器破坏了细根，我们立马放下挖勺，直接用手去刨细根周围的土壤，让我们没想到的是，越靠近树干，细根也变得越来越茂密。

不知不觉过去了两个多小时，树荫早已在烈日的"威逼利诱"下躲得远远的，我们的衣裳也被不停冒出来的汗水浸湿，裹了几层湿土的双手像戴了一双深灰色的手套。"可以了！"听到吴老师兴奋的声音，我立马起身跳出土坑，眼前的蜜柚根系很有意思：直径小于2毫米的细根基本分布在距离树干20～80厘米范围内，且平铺着向外生长；粗壮的支撑根沿着树干斜向下深深地扎到泥土里，较细的部分则被细根包围着向树干以外的地方伸展，长度远远超过我们预想的1.5米！

"种了快三十年的柚子，都不知道原来柚子的根系长这样！"方才还质疑我们在"搞破坏"的农户也被眼前的景象惊叹了："看来我们施肥都施错位置了啊。"许多农户都是在蜜柚细根分布稀疏的滴水线（蜜柚树冠投影边缘）处施肥，肥料还没下渗到土壤里就先被雨水冲走了，不仅造成了肥料浪费还大大降低了蜜柚对土壤养分的吸收利用率。如果把施肥位置往细根分布密集的树干方向移动，是不是可以大幅度提高蜜柚养分吸收效率呢？意识到蜜柚根系分布的奥秘对指导蜜柚施肥的重大意义，我们再次变得激动起来。当吴老师将我们的探秘成果分享到集结专家学者、企业人员、柚农等200余人的"平和蜜柚科技小院"微信群时，群里瞬间炸开了锅，蜜柚种植户和专家们纷纷向我们竖起了大拇指，不住地感叹这一重大的发现："这才是真正在做科研啊！"

很快，"蜜柚根系大揭秘"的消息就从科技小院的微信群里传了出去，许多好学的柚农和农资商纷纷到五星村与我们交流心得。平和县山格镇农资经销商赖清伟也闻讯而来，表示自己也想观察一下自家蜜柚的根系生长情况。"您什么时候有空到地里指导我一下？"择日不如撞日，在叔叔的邀请下，我踏上了前往山格镇的路，再次实践"八分之一挖根法"。近四个小时的埋头苦干，让赖清伟叔叔忍不住感慨："我以为随便用锄头锄开就好了，没想到你这么认真，还直接用手刨……科技小院出来的研究生果然不是一般的人啊！"短短的几句话让身为科技小院学生的我充满了自豪，你要问我这样的工作辛苦吗？我会回答：只要值得就不辛苦。

柚根于泥待挖取，小须匿石等寻觅。2019年8月14日，得益于赖清伟叔叔消息的灵通，我们了解到由于平和县山格镇寨仔脚村附近要修桥，政府征用的土地恰好有几棵柚子树会被清理掉；真是"踏破铁鞋无觅处，得来全不费工夫"。为了赶上挖掘机开工的进程，得到消息的我们第二天便从学校出发，前往平和"拯救"蜜柚树。担心烈日的炙烤会影响挖根进度，我和马昌城师弟凌晨四点便从五星村出发，来到20多公里外的山格镇时朝阳已经爬上了山冈。只见眼前两棵蜜柚树孤零零地伫立在田埂上；我们先用锄头刨去了覆盖在蜜柚树下的一层杂草，露出了灰色的土层，再借助小铁铲和双手，我们化身"挖根机"，开始刨土挖根。最后，在水枪"刚柔并济"的发力下，蜜柚的支撑根终于显现出来时，我和昌城兴奋地摇了摇看似已见底可以连根拔起的柚子树，却发现只是树在动而根一点没动。思索过后，我们决定请来名副其实的"挖根机"——挖掘机，在挖机师傅行云流水的操作下，不到半个小时，两棵完整的蜜柚树便安静地躺在溪边。整个土壤剖面下，蜜柚根系骨骼分明，像为了寻觅水源而不断生长延伸根系的骆驼刺。通过测量我们发现，蜜柚的根系垂直深度达到3米以上，水平方向延伸至2.4米，须根主要分布于距离树干20～40厘米范围内。同时，土层中错综复杂的环境丝毫没有阻碍蜜柚根系的生长。无论遇到的是小石片还是大石块，根系都能与之完美融合，甚至将其紧密包裹、托起，丝毫不畏惧前来拦路的障碍。

"他们才是真正在做研究，根系研究明白了，平和的柚子也会受益很多。""这样的研究才有意义啊，他们真的太认真了"……听到赖清伟叔叔和蜜柚树主人吴师傅的谈话，我瞅了瞅和我一样浑身泥浆的昌城，再想起凌晨四点五星村的模样，心里竟然有种说不清的感觉，或许这就是我们在科技小院开展工作的意义吧。

实践了"八分之一挖根法"，也挖了两棵坡地蜜柚树，地下根系的秘密依旧令人着迷。为明确蜜柚树体不同位置果实的品质差异，探明蜜柚地上部、地下部的生物量和养分的累积及其分配规律，2019年的国庆节，我和刘有、曹振、侯炜、焦加斌、马昌城等师弟师妹以及杨金昌和张卫强同学组成"考古小分队"，到位于文峰镇海拔200米的高山上进行五棵蜜柚树的整株养分剖析。"考古小分队"连续十天凌晨五点出发开展的蜜柚整株样品采集工作也吸引了福建中农立华公司的注意。在这期间，公司还组织全体员工到"考古"现场进行"蜜柚田间新技术实践学习"，那也是我第一次站在那么多人面前进行田间实践分享，虽有些紧张但更多的是自豪感。在中农立华公司销售部经理周炎辉、龚金才、陈松波、戴跃金、黄魏华等人的热心接送下，我们在前往取样点和运输样品方面省下了不少时间成本；加上工人叔叔阿姨的鼎力协助和五棵蜜柚树的主人——"三红蜜柚第一人"陈正奇叔叔的加油打气，历时十天，我们终于完成了蜜柚全株养分剖析样品采集的考古大工程。

为了将现有研究成果更好地分享给当地农户，福建农林大学国际镁营养研究所将2016以来与柚农合作开展的一系列田间试验成果进行了系统性总结，在平和县科学技术协会的支持和老师们的指导帮助下，驻扎平和蜜柚科技小院的研究生们通过各种知识传播渠道和平台，与政府和企业组织了技术培训和现场观摩推动技术应用，累计开展田间观摩培训活动8次（受益600余人次）；农户和企业培训6次（培训人数1280余人次）；向当地柚农发布了田间管理的关键技术；还借助各级媒体和技术手册开展知识传播，与平和县科协合作编印和发放了1500余份《蜜柚绿色增产技术手册》，并将针对琯溪蜜柚的绿色提质增效技术制成了13块科技展板，"种"在了五星村的村道上。每当省、县、镇领导莅临科技小院慰问调研时，一块块头戴"技术"毡帽的展板便挺直腰杆，脸上洋溢着"科学研究与生产实践相结合"的笑容列队欢迎。

　　金秋九月，正是蜜柚的收获时节。朝阳还未探出头来，轻装上阵的果农们就踏着晨露到了地里，长长的传送带一头连着蜜柚地，一头连着装载车，只见一个梢头的柚子飞快地在空中划出一条不算完整的弧线，落入车中。一个个精壮的挑柚人露着古铜色的臂膀，任由汗水划过脊背，小心翼翼地将一根光滑的扁担放上肩头，晃晃悠悠地担起两大袋果实走向通往卡车的木陡梯。正当我们张大嘴巴站在路边欣赏着这壮观的蜜柚采收画面时，吴良泉老师的电话把我们召回了科技小院。"这两位是央视财经频道的伍老师和高老师"简单介绍了眼前两位贵客后，吴良泉老师告诉我们：中国农技协平和蜜柚科技小院有幸得到柯理事长的推荐，在接下来的三天时间里，将接受中央电视台2套财经频道《经济半小时》栏目"科技促丰收"节目的专题采访。

"我们要上电视了？"听到这个消息，我们的心情激动又紧张。"放轻松，和平时一样就好。"在详细了解了科技小院的工作开展情况和进行五星村田间走访后，伍老师和高老师围绕科技小院同学田间及实验室工作、柚农采收画面和人物专访等内容进行了为期三天的拍摄。"2016～2018年，3年7个点的田间试验结果表明，通过优化施肥减少50%的化肥投入，可以使蜜柚增产3～4.2吨/公顷（增幅8%～11%），利润平均增加（2.23～2.2）万元/公顷（增幅27%～28%），品质有所提升（可滴定酸含量降低3%～7%，固酸比增幅3%～9%）。2019年，科技小院与15个示范户合作，将示范面积扩大到100亩地，实现节本增收18万元。如果能够在全县范围内实现化肥用量减少50%，则一年可减少化肥投入成本约10亿元人民币！不仅能够大幅度减少柚农的投入，更重要的是将对蜜柚产业提质增效和农业绿色发展提供有力支撑……"2019年9月23日晚8点整，平和蜜柚科技小院"科技促丰收"专题节目在中央电视台2套财经频道《经济半小时》栏目隆重播出，节目播出后在当地获得良好的反响，进一步推动了科技小院"减肥调酸蜜柚提质增效技术"的普及和大面积应用。我也成了同学们中的"大明星"，接连收到了好几位同学发来的祝贺我上央视的消息，心里别提多骄傲了，更为自己能成为科技小院的一员而自豪。

自2016年与科技小院合作以来，五星村村民林新民通过亲身试验示范，看到了减肥增效技术实实在在的效果，将自己家里的20亩蜜柚地从最早的每棵树施用16斤复合肥，逐步减到8斤和4斤，每年光化肥成本就可以省两万多元，而且蜜柚品质还提高了，一斤柚子要比别人多卖一毛钱，收益得到了大幅度上涨。从一开始的强烈质疑，到现在化身为科技小院"减肥增效"绿色种植理念的代言人，林新民正在积极地给其周围的农户现身说法。"只有学习科学，才能种出更好的蜜柚，既减少了农民的成本，又提升蜜柚品质，我代表平和柚农感谢科技小院！"——2019年11月28日在福州举办的中国农技协科技小院培训会上，作为农民代表的林新民在讲台上发言时如是说道。

没来五星村前，我们对林新民师傅的印象都是从师兄师姐们的谈话中听闻。没想到，不到一年时间，我就有幸成为这位科技小院名人的干女儿。干爹身上"待人亲和""热情好客""认真负责"的标签也逐渐升级为"开得了山，造得出伞，管得好柚子，温暖又善良"。有了干爹的细心指导，我们学会了给柚园割草，给蜜柚打药、套袋；在干爹的耐心解答下，我们学到了许多文献中读不到的田间知识：及时的拉枝可以防止后期果实过重压断了枝条；套袋晚容易导致柚子"不分青红皂白"……学习实践知识的日子，我也深刻体会到了蜜柚生产管理过程中柚农的不易，以及科学探索、及时归纳总结的必要性。不论干爹自家地里的活是否完成，只要科技小院同学有事相求，干爹都是二话不说就答应了，有时候还能提供实在的建议；我总"埋怨"干爹太操劳了，很多事情我们自己也能做，他却说："我心疼你呀，怕你晒黑，每天那么辛苦还要跑来跑去。""能为科技小院做事是我的荣幸。"看着干爹那张布满岁月痕迹的脸和怜爱的眼神，我的心里不禁涌入了一股暖流。大概这也是干爹家的蜜柚品质比别家好的原因吧，除了日常的用心管理，还离不开科技小院回馈的：干爹给予我们的那些无法企及的疼爱。陪伴科技小院成长的这么多日子，与其说是干爹的荣幸，不如说是我们的幸运。

每当我们向支持科技小院工作的村干部表达感激之情时，黄国义书记和赖建才村长都会语重心长地对我们说："我们不要求你们成为英雄。英雄可以作为榜样，但我们不提倡你们变成英雄。我们也为人父母，明白在外漂泊的学子有很多不易之处，只要我们可以帮得上忙，能为你们创造的条件，我们都会全力以赴，剩下的，就要靠你们自己了"。正如村长说的，五星村是我们的第二故乡，没有哪一个地方的人们会像这里的人一样带给我们的感受那般温暖。印象最深的是九月的迎神会，五星村的舞狮队到每家每户门口敲锣打鼓，奏响祈祷全村平乐安康的乐曲，我们有幸迎来了第一顿"百家饭"。那天从早到晚，不间断地有叔叔阿姨给我们打电话、发消息，极力邀请我们晚上到家里一起吃饭。"你们才是真的扎根在这里，有苦就有甜。"听说科技小院的同学一大早就被邀请到农户家里吃百家饭，坂仔镇副镇长简易妮笑着对我们说："都没什么人请我们到家里吃饭，说明我们的基层工作还没有你们做得扎实"。也正是因为有这么多可爱的人的支持鼓励，科技小院才能走得更远。朴实好学、善良温暖、正能量和责任感像清凉的五星风，一缕缕吹拂着我们时而浮躁的心，面对这样温暖而有力量的科技小院，我们还有什么理由说做不到呢？

"老师，如果农民比你懂得还多怎么办？"想起我们在科技小院的遭遇，2019年重庆学术会议上，我忍不住向中国农业大学教授张福锁老师请教了这个问题。"那就向他们学习，"张老师笑笑说："农民是最懂土地的人，他们有的是经验，缺的是科学指导，如何解决？这就是你们在科技小院要做的工作。"

平和县的农户们不仅仅有勤奋好学的精神，还有勇于钻研的劲头。在这里，有许多像赖清伟叔叔这样的农资经销商和企业家，他们愿意关注家乡的产业发展状况。有些开车跑一百多公里到五星村请教，和老师们洽谈、推进合作；还有发掘自身潜力的柚农，他们四处学习，总结经验，在自家的柚子园里酿豆肥、铺管道、搭设备；更有开拓创新，敢于打破常规的创业者，于细微之处显本事。尽管他们求知的方式有所不同，但是他们都有一样的品质：坚持。数不清有多少个农户在提到自己摸索蜜柚优质生产管理方法过程中不断碰壁的苦恼；尽管前路坎坷漫长，他们却没有轻言放弃。也正是这样，才有了自学修剪、精心管理蜜柚、科学施肥的好口碑蜜柚种植户林新民；有了高效嫁接、科学用肥、三年丰产的"全国种植牛人"林建忠；还有万亩蜜柚林中改土五年、生产自主品牌有机肥的"三红柚第一人"陈正奇……当我问起过去这么多年的辛苦岁月是如何走过来的，有位叔叔说："人生就是这样，再辛苦也要充满信心"。就像歌里唱得那样："人在旅途，从来不怨命运之错，不怕旅途多坎坷，向着那梦中的地方去。"

  平和蜜柚科技小院刚起步的时候，可以说是"家徒四壁"。为了加快科技小院的建设步伐，平和县科协主席赖艺玲"三天两头"往五星村跑：查看科技小院的设施、商讨展板内容、筹备揭牌仪式……中秋节的时候赖主席一个人拎着鸡鸭肉和月饼到科技小院慰问我们，不停地叮嘱我们要照顾好自己，一个人在外不容易，不能让爸妈担心……赖主席就像我们的知心大姐姐，让我们在风雨中无畏前行，不断地为我们提供帮助，还经常鼓励我们做好工作，让科技小院继续放光发热。"境由心生，你的心境是怎么样的，环境就是怎么样的。""在这边一定要照顾好自己"平和县委常委、组织部部长谢笑英到科技小院询问同学们的工作和生活近况时，用这样温暖的话来鼓励我们，让我们有了更大的信心面对那片郁郁葱葱的柚子林。在中国农技协和平和县科协等单位的支持下，我们慢慢有了自己的宿舍、洗浴间、厨房、书屋、晾土房、篮球场、实验室、试验大棚；科技小院安装了空调、热水器、无线网、电视、新电脑……也有了更多头衔："科技小院""人才驿站""文化站"……从一开始的一无所有到现在的应有尽有，科技小院的成长离不开每一位支持者的帮助。

  在这样短暂而漫长的科技小院生活里，我们每时每刻都能感受到来自平和人民的热情和温暖。除了时不时有农户为我们送来自家种的菜，到科技小院问候我们，也有许多村民对我们"不好好在学校读书来乡下受苦"的行为表示不解。无论出现多少种声音，我仍然感谢科技小院给我们提供了这些来之不易的机会，向淳朴的村民学习为人处世，向好学的果农请教实践经验。人人都说农业累，殊不知，求知路上的快乐也喜欢和辛苦如影随形，甚至在某一时刻变得难舍难分。林语堂说："人本过客来无处，休说故里在何方。随遇而安无不可，人间到处有花香。"在这样温暖的地方，有一群温暖的人。春天，他们手牵着手一起舞蹈；夏天，他们捧一汪泉眼泼洒清凉；秋天，他们爬上树梢眺望远方；冬天，他们互相依偎取暖。"我总相信，在更深更广处，我们一定要维持着美好的心、欣赏的心，就像是春天想到百合、秋天想到芒花，永远保持着预约的希望"。

> 我们迎着晚霞，吹着凉风，似乎初夏将至的炎热不曾出现。听到师兄师姐们坐在车上讨论着最近科技小院发生的各种故事，我有些入迷，更想去见识一下平和蜜柚科技小院的模样了。
>
> ——马昌城

"柚"多"柚"美

马昌城❶

第一次去中国农村专业技术协会福建平和蜜柚科技小院，虽然已经是2019年4月份的事情了，但当时的场景现在回忆起来依然历历在目。我们迎着晚霞，吹着凉风，似乎初夏将至的炎热不曾出现。听到师兄师姐们坐在车上讨论着最近科技小院发生的各种故事，我有些入迷，更想去见识一下平和蜜柚科技小院的模样了。

在平和县这一高密度的经济作物产区，大量化肥的投入让原本生机盎然的土壤逐渐失去了原本的样貌。而这里大部分农民的想法还很传统，他们认为只要往土壤里投入大量的化肥就能产生很大的经济效益。甚至还因此进行了肥料投入量比赛：看谁用的肥料多，用的齐全。可是，化肥的大量投入不仅增加了生产成本，还会对

---

❶ 马昌城，福建平和蜜柚科技小院成员，来自福建闽侯县，24岁，本科毕业于吉林农业大学，现为福建农林大学资源利用与植物保护2019级专业硕士研究生。

柚园土壤和水体造成不良的影响。为了种柚子，平和县的大部分山坡都被当地居民开垦了，投入过量的化肥极大地影响了饮用水的水质，使得当地人不敢饮用流经坡地蜜柚园中的水，仅将柚园的山泉水用于洗涤。但这一现状却没有引起他们的重视，一方面是因为柚农们缺乏科学的种植观念，认为肥料投入量和蜜柚果实产出量成正比；另一方面是他们对水质没有概念，即使知道过量施肥对水体有影响，却不知道影响有多大，长期如此便产生了恶性循环。

为了摸清在柚子高密度种植区肥料施用对水体的影响，在福建农林大学国际镁营养研究所吴良泉老师的建议下，我选择长期驻扎平和蜜柚科技小院，将蜜柚种植对水质的影响结果可视化，让农民朋友们能够明白我们所做事情的意义所在，结合平和蜜柚科技小院科学施肥的理念，让柚农们意识到"绿水青山"的重要性。

早已听说科技小院的生活条件非常艰苦，不仅要顶着烈日下地，还要面对茅坑、旱厕的"芬芳"，自行解决衣食问题。然而，这些担忧都在我来到平和蜜柚科技小院之后自行消散。在中国农村专业技术协会和平和县科协等相关单位的大力支持下以及吴良泉等老师的努力下，福建平和蜜柚科技小院在平和县坂仔镇五星村正式挂牌。没有地方住，村里便让我们住进村委会的大楼里；夏天酷热难耐，五星村书记黄国义和村长赖建才便向平和县科协申请了经费给宿舍安装了空调；在这里，村里面尽最大的努力满足我们的工作和生活需求。

在科技小院，我们接触最多的便是五星村的叔叔阿姨了，无论是工作还是生活，这里热情的人们都把我们当做自家的孩子一般，在我们需要帮助时竭尽全力地为我们提供解决办法。记得当时，为了探索蜜柚种植对水质的影响，我选择先对一个小流域进行监测，来摸清蜜柚种植对水质的时空变化特征。根据水文分析做出小流域后，需要到这个流域的源头收集水体样本。正当我为不知道哪条路可以通往源头而发愁时，路过的一位叔叔却帮我找到了答案。"你一个人跑到山里来干吗？"我向叔叔解释此行的目的后，没想到叔叔竟然回答："那个地方我知道啊！我家的水就是在那里引下来的。"说罢，叔叔立马放下手中的工作，直接骑着摩托车带我前往源头所在地。得益于叔叔的引路，我很顺利地完成了这个位点的水样采集。一个人的力量总是有限的，多与他人交流多向他人请教，往往能够事半功倍。

"终于开出来了，手心一把汗"。这是我们为了探究不同树龄蜜柚的根系生长情况，到海拔300米的高山上采集根系样品时，五星村村民林新民叔叔送我们下山说的话。当时下着雨，下山的水泥路已经被打湿，从山上下来的必经之路又是那么蜿蜒曲折，陡峭的山路让坐在三轮车后斗的我们有一种下一刻就要跌入山谷的感觉。有恐高症的我当时心里害怕极了，但听到林叔叔的这句话时，悬在我心中的那块大石头却落了地。原来即使有丰富的爬山下坡经验，林叔叔也会因为担心我们的安全而感到害怕。多亏了林叔叔，我们最终完成了根系样品的采集，同时也发现了不同树龄蜜柚的分布规律，证明了村民们的施肥距离普遍过远，在不正确的位置施肥影响了养分的利用效率。根据这些根系的调研结果，我们及时调整了施肥位置，同时向农民朋友们积极宣传，改变了当地农户的施肥理念。

尽管林新民叔叔今年已经快60岁了，却依旧那么热心善良。当我们缺少前往水样采集点的交通工具时，请林叔叔帮忙，他总能立马帮我们解决，从来不推迟。寻找水源时，遇到没有路的地方，林叔叔总是抢在我前面探路。后来我担心林叔叔一个人往竹林里钻不安全，坚决让林叔叔在路边等候。林叔叔却很不情愿地说："我没事，我还能够跑呢，不用担心我。"望着林叔叔朴实的笑脸，我不禁感慨：遇到这样温暖的人真是我们的福气啊。有这样温暖的人陪伴在大家身旁，在见证我们成长的同时，还能用个人魅力激励我们努力创造成果，回馈柚农。

  我们在科技小院开展工作的过程中，不仅得到了中国农技协和平和县科协等单位的支持和帮助，还感受到了农民朋友们的热情和温暖。因为有了他们的支持和鼓励，我们在科技小院也有了更多的归属感，一群二十多岁的年轻人一起在这里生活，在做好本职工作的同时，大家齐心协力把科技小院的工作做好，不让科技小院的支持者们失望。希望科技小院越办越好，每个人都是合格的小院人。

> 主动选择长期驻扎科技小院，不是我的一时冲动，是我的心之所向。农村是一片大有可为的天地，这里需要青年人和科技力量。
>
> ——刘有

走进平和，守望柚乡

刘有[1]

指尖敲打在键盘上，往事逐一浮上脑海。2019年，我在中国农村专业技术协会福建平和蜜柚科技小院度过的那些难忘的日子、遇见那些可爱的人们、经历那些意义非凡的事情，如今回想起来依旧历历在目。想到这，我禁不住打开工作日志文档，飞快地滚动鼠标，再一次被眼前的文字和图片锁住注意力。56天的时间，我用文字描述学习与生活，记录迷茫与感动，见证爱与成长。

初见小院

2019年7月11日，从小在山东省潍坊市长大的我，踏上南下的路途，这是我第一次远离家乡，来到1700公里以外的福建农林大

---

[1] 刘有，福建平和蜜柚科技小院成员，山东省潍坊市，25岁，本科毕业于青岛农业大学，现为福建农林大学资源利用与植物保护2019级专业硕士研究生。

学求学，尽管不舍的泪水浸湿了我的领口，我的心中却是对未来学习生涯的无限向往。7月14日，我跟随师兄师姐们来到了平和蜜柚科技小院所在地——漳州市平和县，与憧憬已久的科技小院相遇，"她"承载着我的梦想与未来，我将与"她"一起扬帆远航。

列车刚驶进平和县，我便被沿途的景象所吸引。"哇，这么多蜜柚树！"作为一个地道的北方姑娘，只吃过为数不多的蜜柚，可是从没有见过蜜柚生长在树上的样子。看到这里漫山遍野的蜜柚树，真让人大开眼界，大饱眼福，我心想这回终于可以毫不吝啬地吃蜜柚了。这时候我也大概明白了为什么导师们要将平和县作为蜜柚的研究基地，但是我仍然不清楚其中的细节，"她"身上的故事或精彩或平淡，需要我一步一步地探寻。

"科技小院"这个词于我而言并不陌生，因考研经历不同，相较于一起入学的其他同学而言，我可能更早地了解到科技小院，也清楚中国农业大学科技小院的基本运行模式与培养人才的理念；我还读过中国农业大学科技小院丛书《激昂的青春梦——我和科技小院的故事（第六辑）》。在书中，我读到了科技小院的条件艰苦：生活在简陋的平房、厨房设施不齐全、用旱厕……然而这些窘境在平和蜜柚科技小院却不复存在，这里设施齐全、生活条件优越，一点也不"艰苦"。这得益于中国科学技术协会、中国农村专业技术协会、五星村村委会等单位的大力支持，平和蜜柚科技小院才"应有尽有"。

科研的发力点

犹记得2019年7月份，初到平和县的我参与了县域绿色发展调研工作，白天顶着炎炎烈日，或走街串巷到农户家"寒暄"，或到田间地头与正在干活的农户交谈，或走进企业、政府进行调研，晚上整理当天的调研数据到凌晨，次日还要按时起床继续调研工作。虽然那些日子比较辛苦，但是我们每一位调研者都收获满满。调研工作的开展，不仅让我更加了解蜜柚、茶叶种植管理中的施肥现状，还让我学会了如何与农民打交道。在科技小院，我们能有持续完善的科研平台，是各方力量汇聚的结果。科技小院科研工作的顺利开展离不开我的导师——福建农林大学国际镁营养研究所的吴良泉老师对我的悉心指导以及中国农村专业技术协会和平和县科学技术协会等单位的大力支持，这样的经历也让我的心智更加成熟，更加坚定了我在科技小院开展服务的信念。

由于专业知识的匮乏，我在进行田间观察学习时，总是充满疑惑。记得刚来科技小院参观长期定位示范试验基地时，看到满地的竹节草，我懵了，为什么不除草呢？经过师兄讲解后，我才意识到覆草可以为果园提供绿肥，同时还有保温保湿的作用。南方夏季高温多雨，平地的地下水位高，如果有良性草的覆盖，可以避免雨后土壤温度骤升引起的烧根现象，果园覆草还可以使果园小气候更加良好，减少果园病虫害的发生。蜜柚园的病虫害种类非常多，引发的症状也是各种各样，我却一个也不了解。听到他人讨论病虫害问题时，我经常一头雾水，急得抓耳挠腮。后来发现，只要一遍遍地听和认真地补充病虫害知识，我的耳朵终究会耐得住病虫害知识的"打磨"，脑袋也终于能自动"识别"病虫害了。

大田试验不像室内试验只是重复测定分析工作，在田间开展试验，会受到夏日的酷暑、连续的阴雨天等诸多环境因素的干扰，如果走进田间，再不知道该从何做起，那更是令人头疼了。最初在田间采集样品时，我都是跟在师兄师姐们身后"模仿"，分不清所谓的"新梢""老梢""挂果枝条"和"未挂果枝条"。科研并不是一帆风顺的，很多时候要经历层层磨炼才能达到预期效果。经过一段时间的田间观察与学习，现在我不仅能熟练地采集果实样品，还抡得起锤头，砸得了土钻。

让我印象最深刻的是2019年国庆节假期，我们到文峰镇海拔200米的高山上进行蜜柚整棵树的果实、枝条和根系样品的采集工作。每天早晨五点，我们摸着黑踏上赶往山上，到达目的地时天刚蒙蒙亮，等到朝阳出来时大家早已被汗水浸湿了衣裳。午饭时间，我们便到工棚里和挑柚工人们一起吃便餐，简易搭建的工棚没有可以休息的地方，大家便在蜜柚树荫下铺上编织袋，脸盖遮阳帽躺着休息。当天色昏暗时，我们也伴着虫鸣声匆忙返回。尽管当时要在三十多度的烈日下挥汗如雨，日未出而作，披星戴月而归，但是没有任何一个人打退堂鼓，大家相互鼓励，一直坚持到五棵蜜柚树的所有样品采集完成。从一开始的摸索到后来慢慢步入正轨，此次样品采集工作的顺利完成，离不开集体的智慧和每个人的努力。虽然当时的工作非常累，但是我们不仅坚持下来了，还收获了当地村民的爱与关怀。现在回忆起那段时光，心中都是满满的感激。

通过这一段时间的实地工作和学习，我也明白了我们为什么要将试验基地设在平和县，并且以蜜柚为研究对象。平和县蜜柚产业存在长期过量施肥、施肥不均衡带来的一系列土壤、大气、水质等问题，通过分析平和蜜柚科技小院的长期定位试验结果，我们发现只要将肥料用量减下来，一年就可以为平和县节约10个亿，如果在节约成本的同时还能提高蜜柚的产量，改善蜜柚的品质，增加农户的收益，同时减少环境代价，改善土壤问题，那科技小院的工作将更有意义。

社会服务的舞台

长期驻扎科技小院的学生，除了要做好研究，完成学业要求的科研任务外，还要开展科技小院不可或缺的社会服务工作，这也是科技小院的特色之一，即服务于农民，服务于基层组织，服务于乡村振兴战略。在这里，我参与了以"蜜柚施肥与除草管理建议"为主题的科普宣传、基层领导接待和农户培训等社会服务工作，每一次社会服务都是宝贵的锻炼机会，让我从中收获很多，使我的研究生生活变得更精彩。尤其在接待参观者时，我感受最深刻的是交流需要讲究技巧。2019年7月14日，坂仔镇人大代表参观平和蜜柚科技小院长期定位示范试验基地时，中国农业大学资源与环境学院教授李学贤老师在听完杨金昌师兄对示范地概况的讲解后，告诉金昌师兄如何更好地给外行参观者用通俗易懂的语言将试验背景与意义介绍清楚，李老师提道："把植物营养与人体营养相联系，把植物不同需求量的营养元素与人类食用快餐、蔬菜水果相类比，把学术的问题生活化、日常化，把复杂的问题简单化，可以让科普更加生动易懂"。

中国农业科学研究院茶叶研究所研究员阮建云老师曾说："做农业农村工作，一定要有情怀，一定要学会与农民交朋友"。在科技小院期间，我不断告诉自己：开展社会服务工作要时刻带着一颗为大家服务的心，踏实肯干，抓住机会锻炼自己；同时要以大局为重，以集体利益为核心，遇到问题善于思考，积极与老师、师兄师姐们讨论。与当地农户或者基层组织交流是一个双向的过程，我们不仅是为他们服务，也可以从中学到许多实践经验，同时提高自身的交际能力，为我们将来步入社会奠定基础。在科技小院的社会服务中充分应用专业知识，让我逐渐转变了思维方式，考虑问题也更加地细致周到。在生产一线体验农村的真实生活，在社会服务与实践中了解农业现状，希望自己能借助科技小院搭建的舞台，为当地农业做贡献，为实现现代农业乡村振兴战略目标不懈奋斗。

不是亲人，胜似亲人

在科技小院工作生活，一路同行的不单单是国际镁营养研究所的师生们，还有一群可爱的五星人、平和人，他们善良质朴、热情好客。

在科技小院，五星村书记黄国义叔叔、村主任赖建才叔叔以及五星村村民林新民师傅、赖国生叔叔、月理阿姨、月香阿姨等像家长一样关心我们，隔三岔五问我们有没有什么需要，还经常到厨房查看我们的伙食，叮嘱我们一定要照顾好自己。黄书记是一名退伍军人，他说看着我们就像看着自己家的孩子一样，对我们严爱分明，看着我们一步步成长。初次跟我们试验地的蜜柚种植管理专家林师傅交流时，我略显腼腆地跟他打招呼，小心翼翼地跟他说起了话。让我意外的是林师傅非常平易近人，和我们交流时他总是面带笑容，简直就是一位和蔼可亲的科技农民。随着在科技小院的日子渐渐多起来，我跟"家人们"相处的时间也越来越多。去年的中秋节是一个特殊的节日，那是我们第一次在遥远的异乡过中秋节。在这里，不仅有同学们的陪伴，还有平和县、坂仔镇领导、五星村干部和研究所老师们的关怀与祝福，五星村的村民们对我们也非常关心。当天我们收到了林师傅送的三红蜜柚，卢福金师傅送的月饼，国生叔叔送的香蕉……在这里，我体会到了家的感觉。

每逢外出，不论是到镇上的菜摊买菜、到店里吃饭、到农户家调研还是到县里的农资店、农业农村局等地学习交流，平和人无不给我留下了善良朴实、热情好客的印象。不是亲人，胜似亲人。是你们，让我更加坚定了未来在这里挥洒汗水的信心和决心。

主动选择长期驻扎科技小院，不是我的一时冲动，是我的心之所向。农村是一片大有可为的天地，这里需要青年人和科技力量。一学期的课程学习让我进一步夯实了专业理论基础。2020年正式入驻平和蜜柚科技小院，我将充分发挥自己的作用，做好科研和服务。中国工程院院士、国际镁营养研究所所长张福锁老师在重庆学术会议期间与平和蜜柚科技小院的同学们座谈时曾说："科技小院是研究所的核心，你们是科技小院的核心"。未来肩上责任之重大，不言而喻，我定全力以赴，努力把自己打造成为"上得厅堂、下得厨房、搞得了科研、写得了文章"的科技小院主人，做到"实"（头戴草帽下地去）与"思"（把心放到田里去），尽展科技小院的风采。让我的科研和实践之花在此盛开，助力产学研深度融合发展目标的实现，助推乡村振兴战略的落实与美丽乡村的建设！

美丽的柚乡——平和，我将在这里挥洒青春的汗水，度过我的"知青岁月"。寻三农之美，品三农之味，我们的故事才刚刚拉开序幕，期待未来更多的精彩……

中国农村专业技术协会
福建闽侯青梗菜科技小院

> 经过田间实践之后才发现青梗菜育种看似简单，其实不然。当我踏入青梗菜的世界之后，才发觉自己之前认识得太少了。每次的田间调查都是痛并快乐着，毕竟人都有主观意识，容易出现偏差。一棵青梗菜，怎样恰当地去描述它的性状，只有正确调查之后才能真实地了解青梗菜，这也为我后期的试验开展奠定了基础。
>
> ——曹萍

遇上"你"是我的缘

曹萍❶

2019年夏季，我成为了福建农林大学的研究生，受导师钟凤林教授之托来到坐落于福建金品农业科技股份有限公司的中国农村专业技术协会福建闽侯青梗菜科技小院。由于我的课题就是与青梗菜相关的研究，我有幸成为闽侯青梗菜科技小院的一员，并担任科技小院院长一职，我与科技小院的奇妙缘分就这样开始了。

福建金品农业科技股份有限公司拥有一支专业的蔬菜研发团队，实行蔬菜种业研发、繁育、推广为一体的生产经营模式。经过十几年的经营，金品公司的青梗菜杂交种子销售量位居全国第一，

---

❶ **曹萍**，福建闽侯青梗菜科技小院成员，来自福建省龙岩市，31岁，本科毕业于安徽农业大学，现为福建农林大学园艺学院园艺专业硕士研究生。

在全国各地具有广泛的品牌影响力。"工欲善其事，必先利其器"，育种过程中最重要的就是种质资源创新。在听过公司指导老师邵贵荣副研究员的讲解后，我了解了青梗菜育种材料选择的大致流程。首先由全国的区域经理收集各地的青梗菜材料；随后安排田间试验进行鉴定、评价，选择优良单株移回气候室中，经过气候箱春化来诱导植株开花；然后进行人工自交授粉，在种子成熟却还未转色时剥种皮进行加代处理，待种子春化后移栽定植授粉收种，最后进行田间鉴定、筛选。一系列流程下来，单株自交6代后，育种材料基本纯合了，我们也得到了育种所需要的亲本材料。选好育种的材料后，根据青梗菜的花期，我们从11月初到12月底陆续安排播种，2～3月进行试配组合的人工授粉工作，4～5月收种，6月开始分批安排组合田间试种。

在了解了青梗菜传统育种的理论知识之后，我就开始跟着公司的邵老师一起到田间学习，经过田间实践之后才发现青梗菜育种看似简单，其实不然。当我踏入青梗菜的世界之后，才发觉自己之前认识得太少了。每次的田间调查都是痛并快乐着，毕竟人都有主观意识，容易出现偏差。一棵青梗菜，怎样恰当地去描述它的性状，只有正确调查之后才能真实地了解青梗菜，这也为我后期的试验开展奠定了基础。比如观察青梗菜品种之间的区别，除了叶子颜色和株型能一眼区分出来，其他的如叶柄色、外叶等性状我却难以分辨。通过不断地查阅文献资料和向老师们请教积累，我了解到：除了叶片颜色和株形外，青梗菜的叶片形状、叶面、叶顶端形状、叶缘齿状、叶柄色、叶柄横切面形状等都是有区别的，且每个品种都有特定的标记。经过我的努力学习认真观察后，我终于可以分辨出青梗菜的细微差别了，也成了半个青梗菜鉴别"专家"。

学会了鉴别青梗菜的方法后，我开始在科技小院进行下一步试验。为了从多角度说明材料的耐热性，为接下来的耐热性育种提供更好的理论依据，提高青梗菜的产量。2019年6月24日，我选取了200多份青梗菜材料，在公司育种农场进行了为期几个月的耐热试验。我先用穴盘播种，将穴盘置于塑料大棚的苗床上，每穴播撒1粒青梗菜种子，播种后用遮阳网覆盖，再进行常规的田间管理。移栽前，我初步淘汰了62份拔节严重的材料，准备将余下的100多份材料在2019年7月12日进行移栽。移栽时，我将株行距设为15cm×20cm，每份材料定植30棵，定植后浇足定根水。8月1日至2日，我们分为2人一组，一组负责拍照，一组负责调查青梗菜材料的农艺性状及病害。拍照时，我们选取每个材料的单株及部分区域进行拍照，拍单株时旁边需放直尺及最大叶，这样方便后期看照片时知道拍照时植株的大小及叶片的形状。对每个材料进行拍照及农艺性状调查可以方便后期进行青梗菜种质资源资料整理。根据这次夏季田间调查的株型、拔节、叶面、干烧心程度等情况，我选取了30份田间性状表现优良的材料测定生理指标。试验的过程虽累，但看着自己亲手栽种的青梗菜在我的细心照料下健康成长，我的内心感到无比自豪，这也为我以后的试验开展增加了自信和动力。

在科技小院的这段时间，除了调查青梗菜性状及开展试验外，我还参加了科技小院调研座谈会及系列科普活动。2019年7月26日，福建闽侯青梗菜科技小院在依托单位福建金品农业科技股份有限公司的协助下举行了调研座谈会，参会的科技小院指导老师——福建农林大学园艺学院林义章教授提出"怎样才能在保证学生毕业的前提下让他们入驻科技小院，且能明白科技小院的意义"这个问题。参会人员一致认为，应尽量将学生的毕业课题与在科技小院开展的研究相结合；这样既有利于科技小院工作的开展，学生又能有所收获，为科技小院接下来的工作提供指导。

2019年9月17日和12月7日，我们分别参加了闽侯县科协举办的"2019年闽侯县全国科普日'礼赞新时代，智慧新生活'主题宣传活动"和"闽侯县新时代文明实践志愿者服务队授旗暨国际志愿者日活动"，通过发放青梗菜品种介绍、栽培技术要点等宣传资料，让现场的群众更加了解闽侯青梗菜科技小院。在活动现场，我们摆放了新育成的青梗菜品种植株，让现场群众更加直观地了解我们的品种；我们还向现场群众免费发放了公司研发的青梗菜新品种种子，这些措施使闽侯青梗菜科技小院的摆放点十分受欢迎。现场有很多群众对于我们的青梗菜品种感兴趣，还向我们询问青梗菜的种植技术和病害防治等问题，我们都一一为他们解答。现场也有青梗菜种植户与我们交流了自己在青梗菜种植过程中遇到的问题。例如青梗菜种植夏季水分管理需要注意什么，炭疽病如何防治，如何选择适合当季的品种，如何避免重茬严重问题等。我用我自己所学的专业知识为他们耐心解答：青梗菜种植夏季水分管理需要注意结合天气情况和青梗菜需水要求，合理安排喷灌次数和喷灌时间，要依据三凉（天凉、地凉、水凉）来确定喷水时间，一般选在清晨和傍晚，清晨喷水越早越好，傍晚喷水要在下午5点以后。炭疽病防治需选用抗病品种，种子播种前要经药剂处理；土地要轮作，实行合理密植、合理施肥、收获后及时清除病残体及土壤深翻等田间管理措施；四季选择不同的品种可以避免重茬严重问题。种植户在听了我的科普后非常开心，感谢我为他们解决了种植难题。

在科技小院的这些日子里，我发现福建省甚至是我国南方地区夏季种植的主要青梗菜品种都是福建金品农业科技股份有限公司生产的"金品1夏",但农户错误的种植习惯,使得品种重茬现象严重,所以需要在不同的季节给农户推荐不同的品种。比如春季可选择"金品558",夏季选择"金品535",初秋季选择"改良金品",雨季秋季后期可选择"金品苏27",冬季耐抽薹的可选择"金品冬春",苔用的可选择"青苔一号"。我们在开展科普的同时也致力于青梗菜新品种的研发,解决了青梗菜生产中的难题。在科技小院的这些日子里,有辛苦,有心酸,但我觉得自己过得很充实。不仅学到了不少课本上没有的知识,在与科技小院的小伙伴相处的过程中,我们为彼此加油打气,互帮互助,结下了深厚的友谊,甚至像家人一样。在科技小院,我明白了"纸上得来终觉浅,绝知此事要躬行"这句话的深刻含义,也意识到自己所学理论知识的单薄和实践经验的匮乏。科技小院学生的工作就是要把自己所学的知识应用到实践中,同时在工作中好好磨炼自己;既要虚心向田间地头的菜农们请教,也要不断加强专业知识学习,只有这样才能不断地提升自己的专业能力。

未来的日子里,我与青梗菜科技小院的缘分会越来越深。

中国农村专业技术协会
福建建瓯闽北乌龙茶科技小院

只见四角八层的大门上赫然挂着一块牌匾，上书金光闪闪的四个大字——成龙茶厂；一座小桥将大门与庭院自然相连，桥下的池塘里游着各式各样的鱼，还有两只乌龟时不时探出头来，池中假山、水车、荷叶尽收眼底；门有桥通，左设茶亭，右铺长廊，和我想象中低矮、破旧的小平房完全不同。

——武帅强

理论到实践的跨越

武帅强[1]

2019年2月的一天，我的导师福建农林大学孙云教授把我叫到办公室，说之后有个科技小院的项目需要研究生入驻，让我到福建省建瓯市长期驻扎。当时我觉得很不可思议，这是老师不要我了吗？我不信，立马在网上查阅了中国农村专业技术协会科技小院联盟秘书长李晓林教授对"科技小院"的解读。原来这是一种拥有十年经验的创新型人才培养模式，研究生们驻扎生产一线，与农民同吃住同劳动，同时将理论和实践充分结合，开展三农服务，看起来效果还不错。但当看到科技小院研究生们艰苦的生活条件后，我有

---

[1] 武帅强，福建建瓯闽北乌龙茶科技小院成员，来自河南省林州市，25岁，本科毕业于河南科技学院，现为福建农林大学茶学专业研究生。

些犹豫了；又转念一想：这对于跨专业的我来说或许是一个机会，毕竟涉农专业要与植物进行亲密"交流"必须先在土地上扎根，慢慢地，我也才理解了它存在的意义。

2019年6月4日清晨，福州的空气还很清新，我们抵达建瓯市时已是上午8点。建瓯市科学技术协会叶晓丹老师带我们品尝了当地的特色早餐豆浆粉后，我们便在建瓯科技协会张悌吉主席的带领下来到中国农技协福建建瓯闽北乌龙茶科技小院的所在地——建瓯市东峰镇成龙茶厂。刚走到门口我就被眼前这栋仿照宋代建筑风格的"别墅"震惊了，只见四角八层的大门上赫然挂着一块牌匾，上书金光闪闪的四个大字——成龙茶厂；一座小桥将大门与庭院自然相连，桥下的池塘里游着各式各样的鱼，还有两只乌龟时不时探出头来，池中假山、水车、荷叶尽收眼底；门有桥通，左设茶亭，右铺长廊，和我想象中低矮、破旧的小平房完全不同。简单熟悉后，茶厂师傅们开车带着我前往金盘山茶园。经过一路的颠簸，我们终于来到了茶山尽头。海拔大约150米的茶山空气清新、风景优美，云雾缭绕中的千亩茶园甚是漂亮，能在这么秀丽的茶园基地开展试验，我们真是太幸福了。

第一次见到成龙茶厂厂长、福建省第二批非遗保护项目建瓯北苑贡茶代表性传承人刘成龙师傅时，便感受到刘师傅身上散发着一种独特的气质。作为北苑贡茶技艺传承人，刘师傅做茶已有五十余载。从宋代历史到北苑贡茶，从茶厂建成到茶叶的加工工艺，刘师傅向我们讲述了许多茶文化相关的典故，让我学习了许多书本上没有的知识。刘师傅平时对我们也照顾有加，降温了给我们加被子，时常问我们饭菜合不合口味。刚到科技小院的第二天恰好是端午节，刘师傅的女儿和女婿都从建瓯市赶回来和我们一起过节，原本我还有些不自在，没想到姐姐和姐夫却说："你们可以把这里当自个儿家，有什么需要就跟师傅和刘芝轩说，我们会全力支持你们搞科研。"姐姐和姐夫的话像一股暖流涌进我的心中，那一刻，我感受到了来自家人的温暖。

在建瓯闽北乌龙茶科技小院，我不仅可以了解建瓯乃至全省茶产业链的情况，还可以在感受当地丰富的茶文化底蕴的同时积累茶叶的实践知识。闲暇时，我便跟着刘师傅到茶山，听师傅讲解茶叶采摘和茶园管理的小技巧，辨别土壤酸碱程度以及使用不同肥料后茶园土壤质地的变化。福建农林大学金心怡教授和孙云教授莅临科技小院调研时发现当地制作毛茶采用的做青方式相对落后，经过实地调研后，我们开始推行"生物质颗粒清洁化综合做青系统"。2020年4月，做青系统正式投入使用，我的试验也由此开始——通过更新制茶设备，对比传统做青机和清洁化做青机的环境质量，同时针对两种做青机所产毛茶的生化成分进行分析，进而改善茶叶品质。制茶设备的改造，不仅使茶叶生产的环境清洁度得到了提高，还大大降低了人工和燃料等费用，茶叶的质量也跟着上了一个台阶。半年多的理论知识学习，终于可以派上用场了，闻着杯中四溢的茶香，我的内心充满了自豪感。

在科技小院的半年里，我不仅参加了茶厂举办的各种各样的活动，还将附近的茶农聚到一起，举办了三次茶叶生产小型交流会，针对茶园土壤和病虫害的问题进行讨论。我们充分运用自身所学，向这些40～60岁的老茶农科普茶园常见病虫害的成因，并针对不同病害提供了防治方案。交流会结束后，时不时有茶农给我发微信消息，咨询茶园出现的一些特殊病虫害，每当我们不知如何解答时，便请教福建农业科学院的老师们。通过整合各方资源，及时解决当地茶农在生产过程中遇到的难题。建瓯茶文化历史悠久，经常有来自全国各地的领导专家，甚至是印度、马来西亚、泰国等地的游客慕名前来乌龙茶科技小院了解和学习茶文化。印象最深的一次是一群中小学生到茶厂参观，在欣赏茶艺表演时他们的脸上写满了好奇，有的还忍不住发问："这种茶和那种茶怎么味道不一样？""为什么茶粉是绿色的？""为什么在茶沫上写字不会消失？"……看到他们歪着脖子思考的可爱模样，我不禁想：看来学茶也得"从娃娃抓起"了，这是一个很好的现象，喝茶的人越来越多，茶文化也会越来越得到重视。

在科技小院的这半年时间里，除扩充了不少茶相关的知识外，我也锻炼了自己待人接物和文案编辑的能力。面对来自全国各地的参观者，我作为科技小院的主人，穿上由中国农村专业技术协会为科技小院学生定制的红衣裳，开始给大家介绍闽北乌龙茶科技小院的建院历史和工作成果。在这里，我们向刘成龙师傅学习茶叶的种植、加工知识，享受茶文化的熏陶；也努力为茶园的建设献计献策，希望能在科技小院里做出真正惠农助农的实事，为绿色农业的发展贡献自己的一份绵薄之力。

中国农村专业技术协会
四川会理石榴科技小院

> 科技小院门口的道路上，那条300米长的科技长廊是会理石榴科技小院的特色风景线；38块涵盖病虫害综合防治、科学施肥、土壤管理、修枝整形等内容的展板能让石榴种植户更加系统地学习石榴种植的相关知识。有时候农户们对展板上的技术要点不太明白，只要他们在科技小院的门口大喊一声，我们便闻声出来为他们解答。
>
> ——李成成

科技花朵的成长

李成成 ❶

2018年的9月对我而言是一个全新的开始，踏进中国农业大学的校门，我便正式成为了一名农学专业的研究生。开学前，我们在河北曲周县进行了科技小院的学前培训，与当地的农民同吃、同住、同劳动，为期一个多月的三农培训让我切实地感受到作为一名学农研究生的责任与担当。从那以后，我便与农结缘，与土地结缘，以"兴中华之农事"为己任，奔走于乡野之间。

2019年1月19日，北京刚下过雪，我踩着嘎吱作响的白雪前

---

❶ 李成成，四川会理石榴科技小院成员，来自四川省凉山州盐源县，24岁，本科就读于四川农业大学，中国农业大学农业资源利用与植物保护2018级专业硕士研究生。

往资环学院准备和我的导师李晓林教授做临行前的告别。遗憾的是，那天李老师出差了，我只得在李老师的电话鼓励下，拎着重重的行李箱，独自一人踏上前往四川省凉山彝族自治州会理县的路。生活真像戏剧，这是一条别样的"返乡路"。会理县和我的家乡盐源县所隔不远，我却只听说过，真要走的话需要两天的行程才能抵达。一路上，我的心中五味杂陈，有期待，有好奇，更多的是紧张和陌生。从北京到会理，需要穿越大半个中国，经历四天三夜的车程后，我终于抵达了会理。没想到刚到会理县城，一顿火锅便驱散了冬日里的寒意，会理县科协陈俞伶主席和会理县农村专业技术协会吴红霞会长的热情招待使我的不安瞬间消散，只剩下家一般的温暖。初到会理的我还来不及停歇，便与会理县科协和农技协协调后开始了紧张的工作——开展会理石榴的绿色高产高效种植技术研究。

在李晓林老师、陈俞伶主席、吴红霞会长和科技小院小伙伴们的帮助下，我们对会理石榴各个产区开展了石榴产业现状调研。通过走访会理石榴的五大主要产区，与上百名种植户沟通交流，了解了会理石榴产业的发展现状、农户管理水平、农户经济收入以及石榴栽培中存在的问题等基本情况。调研结束后，我将调研期间发现的石榴产业问题整理成了《会理县石榴产业现状及对策》一文，这篇文章后来也被作为研究报告刊登在了《四川农业科技》杂志上。这是我第一次发表科技文章，投稿时的忐忑心情至今难忘。

在充分了解会理石榴产业现状后，我在中国农村专业技术协会四川会理石榴科技小院开展了我的试验——通过减少化肥投入，实现石榴种植的高产高效，保证石榴产业持续健康发展。我们以会理县铜矿村为试点，采集了铜矿村13000亩石榴园共116个代表样点的土壤，分析测定了12项土壤基础指标，并将测定结果进行了分析整理，制作成全村的土壤肥力分布情况图及农户看得懂的施肥建议卡，以指导农户进行科学施肥。在明确了当地土壤肥力情况和石榴营养需求后，我们制定了科学的石榴施肥管理方案，并租用了包村长家的石榴园，建成了一块高产高效的示范地，同时引进了测土配方施肥、水肥一体化、果园杂草防控、节水灌溉等多项技术，通过这些新型石榴种植管理技术的应用，示范地在杂草预防和果园节水上取得了良好的效果。

科技小院门口的道路上，那条300米长的科技长廊是会理石榴科技小院的特色风景线；38块涵盖病虫害综合防治、科学施肥、土壤管理、修枝整形等内容的展板能让石榴种植户更加系统地学习石榴种植的相关知识。有时候农户们对展板上的技术要点不太明白，只要他们在科技小院的门口大喊一声，我们便闻声出来为他们解答。2019年7月的一天，一位大叔在关于石榴根结线虫的展板前驻足了很久，询问后我才得知他去年买的石榴苗子有一部分就感染了根结线虫，导致种了一年的石榴苗长得很慢；但当时他也没在意，直到今天看了科技小院的展板才恍然大悟，于是他急忙向我们寻求解决的办法。在充分了解大叔石榴园的情况后，我们建议他给感染了根结线虫的石榴苗喷洒根灌噻唑酮药液，同时换掉部分感染严重的树苗。后来，这位叔叔特地给我们打来道谢的电话，感谢我们帮他解决了大麻烦。接到电话的那一刻我十分激动，内心充满了自豪感，终于用自己所学帮助了他人！

信息化的今天，微信、抖音等网络工具的出现为人与人之间的交流提供了很多便利。为了更好地帮助农民解决生产问题，会理石榴科技小院通过建立微信学习交流群以及拍摄抖音短视频等方式实时为种植户答疑解惑，这些信息传递方式不仅受到了农民的喜爱，我也因此被村民称为"小网红"。记得有一次我们到镇上买菜，却因为中途耽搁了一会找不到回来的出租车，一想到离科技小院还有十几公里，再看看手里大包小包的东西，我的内心充满了绝望。我们只得在路边碰碰运气，结果拦了半天的车，没有一辆是前往科技小院方向的。正当我们快要失去信心时，突然听见"嗖"的一声，一辆小轿车停在了我们面前，司机正好要去铜矿村！交谈后司机师傅得知我们是住在铜矿村的大学生，便问我是不是叫"李成"，我正疑惑他怎么知道，司机师傅回答："虽然没见过你，但是'李成'的名声已经回响在铜矿村的大地上了，你经常在群里面给我们讲解石榴技术，村里的人基本认识你了。"听到这，我的心里乐开了花，没想到我也有出名的一天！

过去的一年里，在会理县科协、会理县农技协和会理县农业农村局的支持协助下，会理石榴科技小院就石榴施肥管理、病虫害防治等方面开展了9场农民培训，2场田间观摩会，辐射3个乡镇，累计培训种植户1161人次。通过运用线下平台和网络工具，会理石榴科技小院将石榴的绿色高产高效种植技术进行了普及和推广，大大提升了当地石榴种植户的种植管理水平。在会理县铜矿村孤零零的小山头上，我度过了研究生的大半段时光。在中国农技协会理石榴科技小院，我不仅充分运用自身所学，为当地村民解决力所能及的问题，还在开展社会服务的过程中提高了自身的交流沟通和团队协作等多方面能力。每当我与农民们的目光交汇时，看到他们的眼神中充满了对知识的渴求和对我的认可，我便知道，过去自己付出的一切都是值得的。山野之中，科技的花朵在我们努力的汗水浇灌下结出了累累硕果。

中国农村专业技术协会
四川安岳柠檬科技小院

为了解安岳县农业绿色发展情况，我们走访了安岳县龙台镇、通贤镇、岳阳镇、文化镇、南薰镇、城北乡、东胜乡、人和镇、姚市镇、毛家镇、镇子镇、石鼓乡、长河源镇等乡镇的柠檬种植基地，与柠檬养殖户一对一，开展当地粮油作物、果蔬作物以及畜禽养殖情况调研；其中柠檬是果蔬调研的主要对象。

——甘发云

我与柠檬的故事

甘发云[1]

2019年2月，中国农村专业技术协会四川安岳柠檬科技小院在中国农村专业技术协会的主导下，依托四川省资阳市安岳县柠檬种植技术协会，由四川省农村专业技术协会、四川农业大学、中国农业大学和安岳县恒丰农业科技服务有限公司共同组建。其以"探索农业科研新思路，服务三农可持续发展"为宗旨，以解决安岳柠檬发展瓶颈，挖掘柠檬高产高效的关键因子，集成创新柠檬绿色高效高产的生产模式，改变生产不科学、不合理的现状，最终实现农业增产增收和生态环保，带动安岳柠檬跨越式发展。

---

[1] 甘发云，四川安岳柠檬科技小院成员，来自湖北省宜昌市，22岁，本科就读于湖北工程学院，现为四川农业大学资源利用与植物保护2019级专业硕士研究生。

2019年7月19日，在我的导师四川农业大学陈远学老师的带领下，我第一次来到安岳柠檬科技小院。没有来安岳县之前，我从来都没有想到原来这个地方还可以种柠檬，而且还有一句很出名的话："中国柠檬看四川，四川柠檬看安岳"。以前一直以为柠檬要在沿海地区才会有，没想到四川才是柠檬的最大种植地，而安岳县是四川柠檬种植最集中的地方。

农业绿色发展是我国农业高质量发展的必然选择，是美丽中国的基石。为了解安岳县农业绿色发展情况，我们走访了安岳县龙台镇、通贤镇、岳阳镇、文化镇、南薰镇、城北乡、东胜乡、人和镇、姚市镇、毛家镇、镇子镇、石鼓乡、长河源镇等乡镇的柠檬种植基地，与柠檬养殖户一对一，开展当地粮油作物、果蔬作物以及畜禽养殖情况调研，其中柠檬是果蔬调研的主要对象。作为柠檬科技小院的学生，这次调研不仅使我对当地的柠檬产业有了深入地了解，还发现了许多柠檬生产管理上的问题。当地农户管理柠檬的方式较为粗放，机械化和标准化的程度较低。多数农户根据自己多年的经验和习惯施用化肥，存在施肥方式不合理、农药使用不规范的现象，导致果园流胶病、黄脉病、沙皮病、红黄蜘蛛、介壳虫等病虫害的产生。同时，一些由水田改造而来的果园地势比较低，土壤易发生积水，果园土壤存在中微量元素不足症状，大大影响了柠檬的生长。

我们在进行养殖业调研时，恰巧遇到非洲暴发猪瘟，当地很多养殖场损失惨重，不对外开放；也因为养殖户所用的饲料是合作公司内部专供，采集需要征得公司的许可，所以我们未能取得饲料样品。经调查，我们发现大多数肉猪养殖场都具备良好的粪污管理措施，较少数拥有高端设备的养殖场有更加完整的粪污处理和回收利用链条，养殖肉猪的收入基本能满足养殖户生活所需。调研期间，我们也发现许多村子仅剩下老人和小孩，年轻人几乎都外出打工了，一个村仅剩下100人左右。农民觉得种庄稼辛苦又不赚钱，加上年轻劳动力的流失，导致大量农田荒废。有的农户认为肥料施得越多越好，普遍没有科学施肥、科学用药的观念。农村作物的种植管理没有相关的技术人员指导，农户缺少自主学习的机会与途径。

2019年9月16～22日，首届"世界柠檬产业发展大会"在安岳县举行。此次会议聚焦柠檬产业的特点，以特色产业助力乡村振兴，创意农业、科技引领与产销融合发展为突破点，邀请全国乡村振兴战略咨询专家、柠檬产业专家学者，企业、产业链等相关人士共聚一堂，就柠檬产业的发展现状、质量安全、绿色防控、市场拓展等各个环节进行深层探讨，聚集柠檬产业发展的新势能和新创意，助推柠檬产业的可持续发展。参会前，科技小院的同学们协助了此次会议的准备工作。会上，中国农村专业技术协会安岳柠檬科技小院揭牌仪式顺利举行。中国农村专业技术协会理事长、中国农业大学原校长柯炳生教授向参会的来宾详细介绍了中国农村专业技术协会柠檬科技小院，并为科技小院寄语：希望科技小院在及时解决生产问题的同时，带动当地农户学习更加先进的农业生产技术，助力安岳柠檬的转型发展，以增加安岳县柠檬的出口潜力，使安岳柠檬进一步走向世界，真正成为强县富民的"黄金果"。安岳县作为中国柠檬的主产地，柠檬产量巨大，销路自然也颇为广泛，除国内外的订单外，还有一部分网络订单。电商相比其他订单具有成本低、速度快、能直接符合用户需求和市场需求量的优点。此次大会是将安岳柠檬推向世界的绝佳机遇，不仅能让更多专家、企业了解安岳柠檬产业的发展现状，还能学习其他地区的柠檬产业发展经验，让安岳柠檬更好地"走出去，请进来"。

2019年8月15日，第二次到安岳柠檬科技小院的我，参观了华通柠檬工厂的柠檬加工流水线。首先进行柠檬的清洗筛选，将柠檬按照单果重分为216g、189g、162g、138g、113g、100g、88g、75g、64g、56g、48g和茶果共12个等级；其中，113g、138g、100g、88g四个等级的柠檬数量最多。将柠檬筛选分级后，每一个等级又进行人工分选，筛选出好的和坏的，分出1级、2级和次果3个等级。

当代大学生大多从学习书本知识中成长，对国家目前的国情、民情知之甚少，而社会情况的复杂程度，远非课本、讲座和新闻上所能完全阐释。科技小院把室内学习搬到户外，让我真切了解农业的同时也学到一些实践知识，我想，在科技小院的学习一定能让我得到锻炼，收获与众不同的经验，为农业的绿色发展做出贡献。

中国农村专业技术协会
四川蒲江果业科技小院

> 我生来平凡，但是当我成为中国农技协四川蒲江果业科技小院的一员时，它便赋予了我光荣与使命，让我也可以变得不平凡。
>
> ——谭丽平

纸上谈兵终觉浅

谭丽平❶

研究生复试时，我的导师四川农业大学汪志辉教授就曾告诉我研究生入学后我们要入驻中国农村专业技术协会四川蒲江果业科技小院，还询问我是否能吃苦，怕不怕烈日。当时的我并不了解科技小院，对导师说的话也不以为意，甚至觉得是老师想要试探我具不具备吃苦耐劳的精神，毕竟做科研也是需要吃苦的。于是我不假思索地说："我不怕"，也就是这三个字，让我结下了与蒲江果业科技小院的不解之缘。现在回想起来，不禁有些佩服自己"初生牛犊不怕虎"。

"你一定要做好充足的思想准备，毕竟你是女孩子，经常上山下乡的话会比较辛苦"，出发之前，已经在蒲江科技小院度过一年时间的王铁师兄便语重心长地告诉我。眼见为实，耳听为虚，我心

---

❶ 谭丽平，四川蒲江果业科技小院成员，来自云南省丽江市，23岁，四川农业大学园艺学院硕士研究生，主要从事果树优质高效栽培与应用技术研究。

想能苦到哪里去呢，好歹我也是农村长大的孩子，还怕吃苦？因为没有直达的车，在去科技小院那天，我起了个大早，收拾好出门时天还没亮，室友们都在睡觉，心里不免有些伤感。经过近三个小时的折腾，我终于抵达了科技小院。尽管县城不大，规划也不是很完善，但是蒲江县的农村发展得很不错，家家户户都种植着柑橘，良好的气候环境与便利的交通也促进了当地的产业发展。我到那里的第一件事就是去见蒲江科技小院的负责人——鹤山果品协会会长陈维君。陈会长耐心地给我介绍了蒲江果业的发展现状，还带着我们进行了实地考察。第一次接触，我便感受到了当地人的热情和友善，这也让我对日后开展科技小院工作有了更多的激情。

由于学校的课程学习还没结束，学校和科技小院两头跑成了我的工作常态，为此我也请了不少假，也只能通过牺牲休息时间来补充理论知识。这些我都能克服，但最让我难受的是在科技小院给果农进行现场培训时，有果农问我关于柑橘病虫害的情况，我却答不上来。记得有一次，有位果农告诉我他家的柑橘长了疮痂病，而且比较严重，问我有没有好的办法可以解决这个问题；由于缺乏实践经验，我对柑橘的病虫害防治一点也不了解，一时间不知道怎么回答。一问三不知的窘境让我感到十分羞愧，深深的挫败感也包围着我。为了缓解尴尬，我不得不求助王铁师兄，接着师兄便耐心地告诉这位果农治疗柑橘疮痂病的方法，听了师兄的专业讲解，我深刻地意识到实践经验的重要性。理论知识学得再多，缺乏实践经验，遇到实际情况还是会不知所措。正所谓实践出真知，要学到真正的知识，理论和实践缺一不可，毕竟"纸上谈兵终觉浅，绝知此事要躬行"。

我的导师汪志辉教授也常说："我们农业院校的科研人都应该

'顶天立地'——既要发高质量的文章，又要结合生产实际"。我之前一直不理解这句话的真正含义，现在我明白了。无论是开展什么方向的研究，一旦理论偏移实际，就等同于浪费知识。尤其是农业，在室内实验室和在田间地头完全就是一个天上一个地下。做室内试验时，所有的条件和变量都是可控的，但是大田试验所有的条件都是不确定的，更别说结果有多不稳定了。因此，真正的科技工作者应该将理论与实际相结合，把一切科研成果应用到生产实践中，才能成为一位既能"顶天"也能"立地"的科研人。

身为蒲江果业科技小院的一员，我很清楚我们身上肩负的责任与义务，辛苦也是在所难免的。刚开始的时候我也觉得辛苦，有时候还很委屈，尤其是当别人都在休息时我还要完成科技小院的任务。不仅是利用课余时间给当地农户开展柑橘种植管理培训，好不容易熬到了周末，我还要去田间地头调研、采样……那时候我也很不理解这些工作的真正意义在哪里。第一次让我对科技小院有了新的认识，是我去福建省福州市参加中国农村专业技术协会主办的科技小院培训会之后。也正是那次培训，让我对科技小院，对科研有了真正意义上的理解，我甚至觉得，先前我做的一切，所受的苦都是值得的。

科技是乡村振兴的关键，科技的创新创造需要广大科技工作者的参与。然而，高校尤其是农业院校每年向社会输出无数的农业技术型人才，真正走到田间地头去指导生产实践，能为三农服务的却屈指可数，科研理论成果与实际生产应用脱节已是常态。我们可以闷着头在实验室里做研究，但是这些成果和技术一旦无法进行实际应用推广，一定程度上也造成了知识浪费，影响了农业发展进程。科技小院的出现，成为了将研究与应用、成果与推广、人才与发展之间有效衔接起来的纽带，而科技小院的研究生，便是与这根纽带紧密相关的人。我们的主要工作就是充分运用自身所学的理论知识，结合田间实践经验，将能真正指导生产实践的科技知识传递给农民，提高作物产量和品质，增加农民收入，为农业奉献自己的一份力量。

我生来平凡，但是当我成为中国农技协四川蒲江果业科技小院的一员时，它便赋予了我光荣与使命，让我也可以变得不平凡。

中国农村专业技术协会
江西修水宁红茶科技小院

萎凋、揉捻、发酵、干燥……茶就这样一步步走向成熟，滋味、香气、汤色的不断蜕变造就了宁红茶的独特风味。一棵棵茁壮成长的茶苗，一片片鲜叶在水中轮回翻转，谱写着茶叶的一生。

——余天星

茶海沉浮谓之"缘"

余天星❶

大学四年来，茶不知不觉地融入了我的生活，也许从一开始就注定了我现在的爱好——爱茶。茶有六类，而我偏爱红茶，生于江西的我独爱江西的宁红茶。缘分如此奇妙，当我拨开迷雾见山海，茶海之中一人、一壶、一杯茶而已。

缘起

那是一个有风的日子，我收到江西农业大学科技处发来的参会通知，看着校办大厅投影幕布上"中国农村专业技术协会""科技小院联盟"几个大字，我大概明白了今天的会议内容。但却没想

---

❶ **余天星**，江西修水宁红茶科技小院成员，来自江西省新余市，21岁，本科毕业于江西农业大学，现为江西农业大学茶学专业研究生。

到，这次会议也改变了我接下来的学业道路。大学四年农学专业的熏陶，我的骨子里早已有了"农"的影子，我想很多学农人都和我一样，将"立德树人为根本，强农兴农为己任"作为学科目标，而江西大地上即将诞生的这个"家"——中国农村专业技术协会江西修水宁红茶科技小院，正是我心之向往的地方。我没有多么聪明，也没有很多优点，只有那一瞬间被触动的心，微弱却绽放着光和热。

缘结

在江西，茶叶的种植、生产、加工历史悠久，而我对江西省修水县的印象便是宁红茶。在中国，宁红是红茶中的皇后，有着"茶盖中华，价甲天下"的美誉，更有"宁红不到庄，茶叶不开箱"的地位，江西茶叶品牌战略中"四绿一红"中的红茶说的就是宁红茶。当中国农村专业技术协会理事长、中国农业大学原校长柯炳生教授揭开中国农技协江西修水宁红茶科技小院的红布时，我知道，属于宁红茶的春天马上要到来了，我的责任和使命也开始了。

刚到修水宁红茶科技小院的第一个月，我和章文军同学便跟着江西农业大学李明玺老师和修水县科学技术协会的李军、晏云老师一起到修水县周边的宁红茶产地开展调研。调研期间，我向振泰良种茶苗繁育有限公司的江涛总经理了解了当地茶苗生长及管理情况，江总告诉我："这几年的茶苗成活率有85%以上，大部分茶苗都是外销。"与修水县科协、修水县茶叶科学研究所及当地茶农简单交流后，我发现其中有许多生产细节无法深入了解，有一些问题也需要到实地考察才能解答，于是，我和章文军同学便开始了长期驻扎科技小院的生活。

  我们最开始接触的是茶苗的扦插，扦插是将母本茶树上的枝条经过科学处理后进行的无性繁殖，这种技术在茶树的繁育过程中有着重要地位。11月天气渐凉，冬天的风吹在脸上有一丝刺骨，为了不影响下一年的茶苗出圃情况，我们根据茶树栽培育种的规律调查了育苗地中扦插苗数量和生长情况，并做好相关统计工作。调查之后我们发现，扦插所用的中茶108、龙井43等品种基本上都是从国外引进的品种，开花等生殖生长导致了扦插苗的长势不均，影响茶苗的品质。与当地的茶农交谈后，我们发现他们的茶园也出现了类似的情况，于是，我便跟着苗圃地的管理员兰师傅到开花严重的地块进行样品采集。到了茶园，我发挥专业所长，向兰师傅介绍茶树开花的原理及防止茶树提前开花的方法。茶树开花有两方面原因，一是茶树的花朵受精后胚胎发育时间长，横跨了两个年度，当年的花和去年的果实出现在同一时间段，由此出现了花果同期现象；二是在扦插苗的生长过程中，茶苗为了躲避低温而选择进行生殖生长，导致茶苗出现提前开花或大量开花的现象。当茶花的花瓣凋零后落在扦插苗与土壤接触的部位时便会腐败，花朵一旦腐败，扦插苗的茎部就容易受损，最终影响扦插苗成活率。通过采取相应的预防措施可以有效避免茶苗提早开花或减少茶苗开花量。首先通过调节温度、湿度、水肥等环境因素，减轻不良气候对茶苗产生的伤害；其次可以人工添加植物类激素延缓花苞开放；最后是通过人工摘除花苞，由于比较耗费人力，这个方法一般不采用。

  在测量一个育苗场面积时，我无意中发现当地的茶苗扦插方式与我先前了解的不同：插穗上下剪口相反，插穗插入土壤的角度垂直、深度很浅。兰师傅告诉我这样的扦插方式茶苗的成活率大概有

65%，而良好的扦插技术会影响茶苗的成活率，从选择母本到扦插再到后期管理都是十分重要的。于是，我建议下次进行茶苗扦插时做一个对比试验，运用不同的扦插技术观察茶苗的繁育差异。

2020年1月8日，宁红茶科技小院迎来了几位重要的客人：中国农业科学院茶叶研究所专家、茶树种质资源创新团队首席科学家陈亮教授，中国农业科学院茶叶研究所、茶树资源与改良研究中心金基强副研究员。陈教授和金副研究员此行是为了完善宁红茶的良种选育、保护、登记等工作。到了宁红茶的原产地——漫江茶园，修水县茶叶科学研究所万亚军所长向大家介绍了漫江茶园的栽培实施方案；其间，陈教授提到："要进行良种选育，母本园的前期工作十分重要。"而后，陈教授在茶园的报告厅里为我们开展了"茶树新品种选育、保护、登记"的主题讲座，这次讲座使我受益匪浅，对科技小院未来的工作也有了明确的目标。

缘续

2019年的最后一个月，我们完成了修水县茶苗繁育的统计工作，并获得了当地企业和务农人员的信任。每一次离别，都是为了更好地相聚。2020年，当我们再次回到科技小院，踩在这片熟悉的土地上，坐在空荡又充满回忆的院子里，我陷入梦境，开始找寻与茶相关的思绪，找寻那份不曾忘却的缘。

金基强副研究员定期到宁红茶科技小院进行指导，金研究员对我们的教导也融汇在每一次田野重逢中，"以科研工作为重"是我们独有的默契。连日的阴雨给平地茶园带来了诸多挑战，茶树种植多以山地为主，而我们的基地却是平地，茶园经常受到积水、烈日和杂草的影响。金副研究员建议我们在茶行之间开沟排水，以降低地下水含量，促进茶树根系的空气流通，同时进行除草和补种茶苗工作。根据基地现有的条件和实地情况，我们制订了修整计划，分几步完成了平地茶园的修整工作。首先是移栽，我们在苗圃中挖取了6株群体种茶苗，到大叶龙基地将群体种死亡的茶苗换成新的茶苗；接着进行除草，我们用锄头除去茶垄两边和茶苗周围的杂草，并进行了松土，以缓解土壤中缺少空气的情况。这是一个工作量很大的任务，我们大概干了一个半小时便大汗淋漓，好在有了彼此的鼓励，我们终于完成了两个区块的金萱茶苗除草工作。尽管每天都与汗水做伴，还因为连续作业而腰酸背痛，但我们没有放弃，始终坚定信念完成了任务，也为今后的茶园管理积累了宝贵的经验。

离开了田间，我回到书桌前，收到了李明玺老师通知我们过几天到宁红集团做试验的短信，惊喜之余，我把这个好消息告诉了章文军同学，他也和我一样激动。这次去宁红集团主要是参与夏秋茶制作工艺的创新改良。通过结合乌龙茶做青来改善茶汤的滋味，降低茶多酚和咖啡碱的苦涩，增加可溶性糖与氨基酸带来的甜爽，给予茶叶更好的品质特征；为茶叶加工带来创新动力，推动宁红茶夏秋季节加工、产销等环节。错过了今年的春茶，我们不想再错过夏秋茶了。虽然没有春天那么优质的鲜叶，但是夏秋两季的茶叶也有其独到的风味，每一片茶叶都有其存在的意义，就像满天的星辰，每一颗都能照亮我们前行的路。2020年开春，茶树萌发了新芽，茶农们在广阔的茶园间穿梭，一担担翠绿的茶叶从手中摘下，历经万般"磨砺"造就一身"繁华"。在茶的旅途道路上，没有了地域、品种、年龄、时节的划分，每一片茶叶都是独一无二的，我们要认真对待它。

萎凋、揉捻、发酵、干燥……茶就是这样一步步走向成熟，滋味、香气、汤色的不断蜕变造就了宁红茶的独特风味。一棵棵苗壮成长的茶苗，一片片鲜叶在水中轮回翻转，谱写着茶叶的一生。"一碗喉吻润，二碗破孤闷。三碗搜枯肠，惟有文字五千卷。四碗发轻汗，平生不平事，尽向毛孔散。五碗肌骨清，六碗通仙灵。七碗吃不得也，唯觉两腋习习清风生。"唐代诗人卢仝的七碗茶诗阐述了茶叶的奥妙，作为一个与茶结缘的人，我十分向往这种精神境界。科技小院的故事就像春茶到夏茶再到秋茶一般，从青涩走向醇和再到醇厚，这份茶缘在中国农技协、江西省科协的庇护下生根、发芽、开花、结果。我也在宁红茶科技小院中成长着，为这份珍贵的茶缘不断奋斗。喝一碗茶拨开迷雾；喝一碗茶扫清迷惘；喝一碗茶做回自己。茶之海在混沌与清明之间交替，缘分忽明忽暗总相连。

> 一路走来，我就像一株想要快快长大的茶苗，经受了风吹雨打后根扎得更深，愈发茁壮成长。茶叶经历四季风霜，内含物更加丰富，滋味更加醇厚。人生经历酸甜苦辣，才能波澜不惊，宠辱偕忘。
>
> ——章文军

与茶苗共成长

章文军[1]

2019年8月，中国农村专业技术协会批准在江西省修水县建立中国农村专业技术协会江西修水宁红茶科技小院。以此为契机，2019年12月25日，我来到了江西修水宁红茶科技小院驻地——江西修水双井村，我与科技小院的故事便从这里开始了。

刚来到科技小院的我们，茫然、不知所措。只记得科技小院挂牌、成立的那一天，中国农村专业技术协会科技小院联盟理事长张建华给我们讲解了宁红茶科技小院的建设背景和目标。"中国农技协江西修水宁红茶科技小院由中国农村专业技术协会主导，依托九江市修水茶叶科学研究所，由江西省科学技术协会、江西农业大学、九江市科协、修水县科协共同组建。宁红茶科技小院的建设目

---

[1] 章文军，江西修水宁红茶科技小院成员，来自江西省抚州市，本科毕业于江西农业大学，现为江西农业大学茶学专业硕士研究生。

标主要有以下几点：进行宁红茶品质、工艺提升及降低生产成本的研究；宁红茶品质化学分析及功能验证；提升宁红茶的品牌影响力……"听完张理事长的讲话，我对未来的科技小院生活充满了向往，希望自己能够在科技小院干出一番大事业，为当地茶叶的发展做出卓越贡献。然而，接下来的经历却把我狠狠地拽回了现实。

与我的导师江西农业大学李明玺老师的分别，意味着我和余天星同学接下来就要自己在科技小院里生活和学习了。但是我的内心却没有丝毫的畏惧，反而怀揣着要为科技小院做出贡献的决心，内心激动了许久。李明玺老师离开科技小院后，修水茶科所下双井茶场的江涛总经理带我们来到育苗田，眼前的一幕让我傻眼了。

只见田地里七八个穿着朴素的阿姨正弓着背在拔茶苗，她们的雨鞋上沾满泥巴，身后放着一把把绑好的茶苗。这和我想象的一群高级技术员在田间拿着高级的实验器材测量数据的场景大相径庭。难道接下来我要和这些阿姨们一样，每天面朝黄土背朝天，干又脏又累的农活吗？想到这，我的心中充满了惊愕！阿姨们显然对初来乍到的我们也感到好奇，用疑惑的眼神看着我们，仿佛在问："这俩小伙子来这干吗呀？"经过江总妻子谢海燕阿姨的介绍后，阿姨们才知道我们是江西农业大学茶学院的研究生，是来做技术指导的。阿姨们看我们的眼神不再充满疑惑，而是说着我们听不懂的方言对我们表示欢迎。阿姨们脸上质朴而温暖的笑容，将我飘飞的思绪拉回了田间。

接下来的十几天，我和阿姨们一起清点每捆茶苗的株数，采用"多去少补"的方法将茶苗株数统计完毕后把茶苗重新绑好。阿姨忙不过来的时候，我便帮忙拔茶苗。这样枯燥乏味的工作，让我不禁怀疑：每天重复这样的工作也算技术指导吗？这真的可以促进当地茶叶的发展吗？

这些疑惑困扰着我，直到陈亮教授的出现，我才找到了答案。

2020年1月8日，中国农业科学院茶叶研究所陈亮教授受邀来到修水县考察。我们以宁红茶科技小院研究生的身份和陈教授一同前往修水县，这次陪同考察，令我受益匪浅。我们跟随陈亮教授一行来到育苗基地，一起近距离观察茶苗的生长发育情况。很快，陈亮教授就发现了茶苗的生长问题——茶苗开花现象普遍，尤其是龙井43号茶苗花的数量更多，这对于茶苗来说可不是什么好事。茶苗开花不仅会影响茶苗的质量，还会对茶苗栽种后的发育造成不利影响。听到陈教授的讲解，我似乎重新找到了方向，过去重复性的工作所带来的枯燥无味也开始逐渐消逝。我们还去了大叶龙培育基地考察，经过修水县茶科所万所长介绍，陈亮教授讲道："大叶龙这个品种需要好好培育，进行理化实验，做好品种登记。有很好的发展空间。"这番讲话再次解答了我心中这十几天的困惑，对科技小院工作有了更加清晰的思路。

得到陈亮教授的指导后，我和余天星同学开始围绕考察中遇到的问题进行探讨。首先是茶苗开花问题，通过查询资料、询问老师，我们猜想可能是以下几个问题导致茶苗开花过多：一是插穗质量不大好，含有花苞，插穗长大后，开花较多；二是土壤肥力不足，导致茶苗的营养生长与生殖生长的比值下降。有了这些初步的猜想，我们跟江总提议：将插穗和土壤肥力作为变量开展试验，探究茶苗开花的原因。听了我们的猜想和提议，江总思索片刻后，决定在下次插穗工作时进行试验。

随之而来的就是建设大叶龙基地。2020年4月份，江总便已经带着当地农民到基地种好了茶苗。由于疫情影响，我们没能参与大叶龙茶苗的种植。5月28日，我们终于回到了久违的科技小院。看到大叶龙茶苗基地那几十亩生机勃勃的茶苗，我们既开心又担忧。开心的是大叶龙基地建设起来了，几十亩茶苗让我们对下一步的工作充满了希望；担忧的是基地杂草丛生，影响茶苗生长，同时还有少数未成活茶苗未进行补植。

看到这些问题，我们马上采取了针对性的措施——对未成活茶苗进行补植，给基地除草、松土和挖沟。经过我和余天星同学的排查和统计，发现金萱品种未成活茶苗25株、群体种3株、大叶龙品种10株。统计完成后，我们便开始补植。我们先将未成活茶苗挖除，再从育苗基地取相应数量用于补植的茶苗，进行带土移栽；与此同时，我们还对这三行茶苗进行除草和松土。用于试验的茶苗品种为金萱、群体种和大叶龙，后期我们将对这三个品种进行理化分析，探究大叶龙品种的品质特性。现在我们要做的便是保护好它们，让它们健康成长。

在科技小院，我们不仅有工作，还有属于自己的生活。工作之余，我们总爱到四处走走。一来可以熟悉环境，了解这里的风土人情；二来可以欣赏当地美丽的风景，给心带来宁静。一个雨后的下午，我和天星一起漫步在黄庭坚景区内，望着远处云雾缭绕的山峰，我深吸一口新鲜的空气，顿时感觉神清气爽。我们沿着一条小道一路前行，不知不觉来到一片茶园前，看着一排排整齐的茶树，我们情不自禁地走近一步。漫步茶行间，仿佛自己就是一个育茶人，与茶一起感悟山中的灵韵。如此恬静的生活，让人不禁想长居此地，不舍离去。

来到小院已经近三个月，从最开始的茫然，到踌躇满志，再到失落失望，最后再次找到了方向。是坚持让我看到了希望的曙光，让我能不断突破。一路走来，我就像一株想要快快长大的茶苗，经受了风吹雨打后根扎得更深，愈发茁壮成长。茶叶经历四季风霜，内含物更加丰富，滋味更加醇厚。人生经历酸甜苦辣，才能波澜不惊，宠辱偕忘。

《茶经·三之造》中写道："晴，采之蒸之，捣之，焙之，穿之，封之，茶之干矣。"茶叶经过几十年的成长，经历生与死的考验，水与火的历练，才与我们相遇。此刻，我与茶苗同在科技小院，非常感谢中国科协与中国农技协在茶与我之间搭建的这座桥梁。让我能够在修水宁红茶科技小院，与茶苗共成长。

中国农村专业技术协会
江西赣州食用菌科技小院

> 这里是食用菌栽培技术的知识驿站、线上教学的小课堂、在线答疑的小工具、展示科技小院风采的窗口……目前公众号已经推送了包括"餐桌上的美味金针菇""金针菇工厂化栽培技术要点"和"金针菇的常见病虫害"等内容的科普文章，在进行线上科普的同时也让大家对中国农技协江西赣州食用菌科技小院有了更进一步的了解。
>
> ——徐苗

我事业开始的地方

徐苗❶

南昌的夏天悄悄过去，留下点点灼热的记忆。伴随着温度的缓慢下降，江西农业大学食药用菌工程技术研究中心（以下简称食药用菌实验室）的科研气氛却持续上升。2019年8月25日，我们实验室递交了申请成立中国农村专业技术协会江西赣州食用菌科技小院的材料，这是在中国科学技术协会、中国农村专业技术协会（简称中国农技协）等单位的支持下，由江西农业大学食药用菌实验室和赣州登峰农业开发有限公司（简称登峰公司）合作申请建立的科技小院。再过两天中国农技协理事长、中国农业大学原校长柯炳生和

---

❶ **徐苗**，江西赣州食用菌科技小院成员，来自湖北省咸宁市，28岁，本科毕业于武汉轻工大学，现为江西农业大学专业硕士研究生。

中国农技协副理事长、中国农技协科技小院联盟理事长张建华将莅临江西农业大学为大家介绍中国农技协的相关情况,同时会宣布江西省各个科技小院成功建立。

2019年9月27日上午8时整,江西农业大学生工院食药用菌实验室的全体师生在江西农大的候车处集合,准备前往400公里外的"远方"。随着列车驶离了熟悉的南昌,我们踏上了赣州这片陌生的土地。

赣州食用菌科技小院位于江西省赣州市章贡区沙石镇火燃村,这里本是赣州郊区一个普普通通的小镇,但由于当地政府要落实乡村振兴计划,也要与企业合作开展扶贫项目,便决定与当地企业合作,在火燃村打造一座集观光旅游、食用菌生产和蔬菜种植的蘑菇小镇,并且立志将火燃村打造成一座现代食用菌产业带动乡村经济发展的样板小镇。赣州登峰公司就是通过工厂化生产食用菌来带动当地村民脱贫致富的样板企业。赣州食用菌科技小院的负责人周健平博士带着我们来到了科技小院,登峰公司的刘敏经理和技术员黄传顺大哥早已在科技小院大门口等着我们了。

一看到我们,刘经理满脸笑容,说是终于把我们这些"学院派"给请到农村来了。和老师打过招呼后,刘总就一个劲地拉着我们这些研究生开始唠家常,一点也不像大公司的老总,而如邻居叔叔般亲切。工厂的技术员黄传顺大哥默默跟在刘总身边,一般不会主动搭话,刘总有什么吩咐就会交代给他。听刘总说,黄大哥毕业于河南农业大学生物工程专业,刚毕业准备出去找工作时正好碰到了刘总;经过一番交谈后俩人发现对方一个需要一份长久的事业,一个需要一位掌握工厂化栽培食用菌技术的人才,于是黄大哥就被刘总"拐"到赣州这个山沟沟里了。从毕业到现在,黄大哥担任登峰公司的技术员已有5年时间，算是食用菌生产行业的资深人士了。黄大哥热情地带我们去宿舍放置行李，看着崭新的空调和双层的床铺以及室内的装修痕迹，我仿佛回到了高中与室友上下铺共居的日子。短暂休息后，黄大哥带着我们参观了整个食用菌工厂，谈论了食用菌相关的研究、科技小院的进展和未来的发展方向。

登峰公司生产食用菌的方式与我们在书本上所学的知识有些出入。学校一般使用聚乙烯塑料薄膜袋栽培各种各样的菌类，而工厂一般用统一规格的塑料瓶进行食用菌栽培。同时，工厂里的生产工艺较为复杂，一般要经过配料、拌料、装瓶、灭菌、接种、养菌、搔菌、催蕾、抑制、出芽、卷纸、采收等十几道工序才能完成整个生产流程。在实验室进行的工序就简单多了，将接种完成的菌瓶拿到养菌房养完菌之后，调节温度、湿度、光照、二氧化碳浓度就可以等待出菇了。工厂接种量大，要用发酵罐生产大量的液体菌种进行接种，而实验室还是沿用固体培养基菌种接种法进行小规模生产。工厂养菌量大，特别容易染菌，只要一个菌瓶染上菌，一个车间培养的产品恐怕都要被丢弃。因此，保证工厂的环境卫生尤为重要。工厂所用的技术很多与学校所学不同，学校对实践知识的更新速度远远赶不上企业，我们从文献中查阅到的很多技术成果，在企业上已经属于老旧的知识了。这也为我今后的科研带来了许多挑战。

作为江西农业大学生物工程专业研究生，我用所学的理论知识指导当地村民的问题不大，但是论起实践知识，在工厂工作多年的职工反倒可以当我的老师。跟着黄大哥，我在科技小院的实验室里不断补充自己的实践知识。学习液体发酵罐技术培养菌种，在出菇房观察刚刚冒出头的金针菇子实体，和工厂里的大姐一起采蘑菇，在工厂与职工朋友一起上下班……这些都让我成了朋友圈中的焦点。随着在科技小院学习和工作时间的增长，昔日的好友和学校的同学对我与众不同的研究生学习方式疑惑渐增。为了让学校的朋友和老师以及关注食药用菌实验室的同学对我们科技小院有更多的了解，也为了让中国农技协这个服务基层大众的平台被更多的中国大学生所熟悉，我和实验室的师兄师姐创建了江西赣州食用菌科技小院微信公众号这个多功能的新媒体平台。这里是食用菌栽培技术的知识驿站、线上教学的小课堂、在线答疑的小工具、展示科技小院风采的窗口……目前公众号已经推送了包括"餐桌上的美味金针菇""金针菇工厂化栽培技术要点"和"金针菇的常见病虫害"等内容的科普文章，在进行线上科普的同时也让大家对中国农技协江西赣州食用菌科技小院有了更进一步的了解。

2019年12月11日，赣州市风和日丽，万里无云，这一天不仅是一个适合出行的好日子，也是中国农技协张建华副理事长、中国农技协科技小院联盟秘书长李晓林老师莅临赣州食用菌科技小院视察工作的重要时刻。我们一大早就收到了黄大哥的消息，不仅张理事长、李秘书长等领导会参加"中国农技协江西赣州食用菌科技小院"的揭牌仪式，章贡区委常委、副区长张志飞等领导也将共同为食用菌科技小院揭牌。一想到这，我的内心激动又紧张，特意将自己在工厂培育的食用菌子实体照片打印出来，贴在走廊两侧的墙面上，方便领导查看。

揭牌仪式后，我和刘总、黄大哥陪同领导们参观了整个工厂的生产工艺流程，同时向大家讲解了金针菇在生产过程中需要注意的要点以及技术难点。谈到当地贫困户就业难和工资补贴少的问题，张建华理事长问起研究生入驻科技小院的待遇问题："研究生虽说不算正式员工，但是入驻工厂之后也算半个员工，如果能给他们发放正式员工的一半工资，学生工作起来也会更有干劲，能为企业做更多的事。"听到理事长为科技小院的学生发声，我不禁有些感动，内心的紧张也随之消散。理事长还说："如果能将菌棒进行一定的处理，做成饲料的话，它的经济效益就比现在的肥料要高多了！"张志飞区长也提到，近几年国内大力主张的"高质量发展"和"循环农业经济"的经济发展方针，告诉我们要顺应国家的发展趋势，要重视资源的循环再利用，努力使工厂废料无害化、资源化。张理事长和张区长的提议也让我们找到了食用菌科技小院未来发展的新方向。

想到目前食用菌工厂普遍面临的菌种退化问题，我趁热打铁，立马询问各位领导是否有什么好的解决办法？领导们为我提供了两个思路：第一个是把金针菇的菌种做到像日本的菌种那么好；第二个是栽种适合赣州本地的品种，不一定要全部种金针菇；比如夏天金针菇的经济效益不好，可以选择种植其他品种的食用菌。领导们的提议让原本迷茫的我们豁然开朗。千里之行始于足下，为了提高食用菌科技小院所依托的登峰公司在金针菇销量淡季时的经济效益，让登峰公司摆脱夏季金针菇销量淡季的阴霾，更为了让刚成立不久还立足不稳的食用菌科技小院稳稳地踏出第一步，我们开始尝试鹿茸菇的工厂化栽培。

鹿茸菇学名荷叶离褶伞，是一种木腐型珍稀食用菌。它的味道鲜美，据研究报告有抗肿瘤、降血压、抗糖尿病、降低胆固醇等作用，是现今都市人群追求健康美味的理想食物。大量的文献显示，大多数食用菌品种随着培养时间的延长，培养基pH呈下降趋势，但鹿茸菇培养基的pH反而上升。根据鹿茸菇的这个特点，我和刘祈猛师兄决定选择一个菌丝生长速度较慢但生物学效率较高,并且能够平衡pH的栽培种配方,配方的成分包括16%棉籽壳、55%木屑、15%发酵料(主料为棉籽壳)、10%麦麸、3%腐殖土、1%石膏粉;师兄也从学校带来了具有母种栽培基础的品质优良的鹿茸菇。工厂里现有的栽培瓶都是850mL的固定容量,原以为每人装120瓶挺轻松的,没想到光准备原料我们几个人就运了半天。职工大叔帮我们把配料全部加进食用菌混合培养料搅拌机搅拌了半个小时,这期间还加了两桶水,让培养料润湿,使培养基的含水率达到68%左右。接着我们将600瓶原料依次放入那口一次能够装5000多瓶的灭菌锅里灭菌;由于厂里的两台发酵罐都是坏的,接下来的几天我和师兄只能用传统的固体接种法在无菌房对600多瓶培养料一瓶一瓶地进行接种。再把接种过的所有培养瓶放入养菌室,将培养条件控制在室温23℃、湿度65%、CO_2浓度2.5‰后,终于度过了最艰难的时期,只等着鹿茸菇的萌发了。

　　白驹过隙,回想起中国农技协江西赣州食用菌科技小院成立的那天,仍记忆犹新。其间,中国农技协为科技小院的发展点亮了明灯,不仅为我们提供科普经费还给我们发放了专业书籍。2019年年末,在登峰农业开发有限公司大门口——刘总和黄大哥初次接待我们的地方,我们和大家挥手告别。看着这些令我牵挂的人儿,我有些不舍,但也想起有一句话:"离别是为了下一次更好的相见。"这一次,请容许我先与你分别——赣州食用菌科技小院——我"事业"开始的地方!

中国农村专业技术协会
广西隆安火龙果科技小院

> 水肥问题解决了，植保又是一座大山，当我还在为弄好水肥池而沾沾自喜时，我又小又嫩的香蕉苗还没等到与黄叶病大战三百回合呢，就已经被蚜虫大队们弄得溃不成军了。
>
> ——向赛男

香蕉不拿啦（banana）

向赛男 [1]

2019年的2月17日，恩施—北京—南宁，全程3600千米，耗时50个小时。我从家到学校再到中国农村专业技术协会广西隆安火龙果科技小院，从北京人口中的南方人变成了广西人口中的北方人。在中国农业大学左元梅教授的安排下，我这名2018级小农民终于在科技小院光荣上岗了！飞机—火车—地铁—大巴—三轮—摩托，一路的兜兜转转后，我终于到达了科技小院！

对广西金穗农业集团乃至整个香蕉产业而言，黄叶病是目前急需攻克的技术难题，是很多蕉农眼里的"香蕉癌症"，也是全球香蕉大面积减产的重要原因。抗病品种是目前普遍认为的救命稻草之一，而摸索出有效的田间抗病品种种植技术是生产一线中迫在眉睫

---

[1] **向赛男**，广西隆安火龙果科技小院成员，来自湖北省恩施市，24岁，现为中国农业大学资源利用与植物保护专业硕士研究生。

的事情！通过查阅大量文献后，我决定把施肥作为突破点，进行基于土壤健康调控下的抗病品种田间适应性研究。

即使科技小院已经有了十年的建院基础，抗病苗种植技术对我和集团而言仍是从零开始。通过前期的大范围市场调研，与集团常务副总裁卢荣楷、技术总监李宝深等进行多次讨论后，我初步筛选出了六个抗病蕉作为试验品种，确定了大概的试验方案。但是，紧接着就碰到了下一个问题！来自不同科研院所的苗，推广时间和推广区域都不一样，如何才能让他们能在同一时间进行田间种植呢？思来想去，唯一的办法就是我自己育苗。但当时集团只有针对普通品种的育苗技术，而且正值冬天，搭天膜不足以抵御集团总部楼顶的低温。咋办呢？天太冷，那就在底部全部铺上电热毯；广西土壤太酸太黏，那就换成椰糠基质后自己来调营养液。从袋苗、沙床苗、杯苗到移栽前的两个月，我每天都提心吊胆地查看小苗苗们好多遍，当最后小苗终于长大到可以移栽的时候，我有种女儿出嫁的感觉。

苗有了，将苗种在哪里又是个问题，在和李宝深总监进行多次沟通后，我们决定将长流不息分场场部门口的6亩黄叶病发病已达70%的香蕉地进行翻种后作为试验地块。但是这个1000多亩的大基地采用的是统一的滴灌施肥，我的试验地周围也都是一米多高的大蕉苗了，直接通过基地水肥池给试验地放肥成本太大，而且不利于精细化的养分调控，每次都自己进行灌根放肥难度很大。经过好几天的田间观察和价值估算后，我还是抱着试一试的心态去找李总监申请，没想到一下子就通过了。但是关于专用水肥池的设计、后期的管理以及全年的水肥施用都需要我自己来完成，"建筑工小向"就成了我临时的一个身份。考虑到电线连接后期需要检修等因素，我通过多次翻墙确定了水泵的位置，同时自己设计水池主体。考虑到我的小短腿，我还特意加了两节阶梯方便放肥，最后在集团基建部、项目部、技术部等几个工作室的帮助下，我完成了整体的建造，也用这套小系统成功完成了全年60多次的水肥施用和肥料试验。其间虽然经历了水泵卡肥、过滤器堵塞、水管爆裂等多种问题，但是也见证了香蕉的整个生长发育过程。不仅让我熟悉了各种常用的肥料，更让我自己练就了能够一眼区分试验地中"六胞胎"的本事。

水肥问题解决了，植保又是一座大山。当我还在为弄好水肥池而沾沾自喜时，我又小又嫩的香蕉苗还没等到与黄叶病大战三百回合呢，就已经被蚊虫大队们弄得溃不成军了。水肥好歹还是自己的本行，植保就完全是一头雾水了，参考了以往的喷药方案，在和长流不息场长张观胜咨询完打药细节后，我就背着有我一半重的喷雾器上阵了。不停地配药、打药，一整个下午过去了，我才弄完六亩地。但是由于对配药的方式、药物的浓度、喷药的用量等问题都不清楚，第一次喷药除了把自己累到四肢酸软，被农药辣到全身发红之外，并没有什么防治效果。第二次喷药，我请李总监帮我重新配了针对性药剂，然后向有经验的承包户们咨询打药位置、时间、喷雾器压力等重要的操作和执行细节后，我再次整装上阵，才成功防住了香蕉的波斜纹夜蛾虫害。这段打药经历让我更深刻地感受到了农业人的不易和做工人员的辛苦。于是，在接下来的工作中我格外注意与承包户和技术人员加强沟通，总结并记录他们有效的田间操作技巧。

经过土壤改良、微生物群落调控以及全程精细化的水肥植保管理后，我们在重灾区翻种的抗病蕉发病率显著低于周围种植户，而且得到了中蕉九号品种零发病率的试验效果。这一结果也获得了广西壮族自治区党组副书记张秀隆以及集团领导们的高度认可,张书记直接夸奖说"这就是我们广西壮族自治区这几百万亩蕉园的希望呀",我想,这就是对我这一年的工作最好的肯定了。

  但是在对香蕉枯萎病的防治上,可以说才刚开始。在田间种植时,我们观察到即使抗病品种在外形和生长周期上都具有很多的相似点,但不同香蕉品种的黄叶病发病时间、感病程度、发病表现等都有所区别。于是我和团队的伙伴们一起分部位采集了各个品种的植株样品,通过分析植株养分含量,我们发现抗病品种大、中量元素养分含量在植株不同部位存在显著差异,养分吸收规律也不尽相同。这一结果对以后在不同抗病苗的养分管理上具有极其重要的指导意义。我们还按病害程度采集了各品种土壤样品,分析土壤微生物的群落结构;结合不同品种、不同感病程度香蕉的生长点剖面照片进行分析,我们发现不同品种对细菌性和真菌性病害的感病特性,以此来制定针对性的防治方案。

  育苗过程中摸索出来的基质构建、杀菌缓苗、平衡营养和快速生长的技术,为我以后帮助集团进行上万株红蕉育苗以及将自己的基质配方和传统育苗方法进行对比奠定了坚实的技术自信。而这项技术,也在年底老挝万亩蕉园开发的时候帮集团节约了200余万育苗成本。通过田间的总结记录,我和集团技术部香蕉业务经理李庆奇一起拍摄制作了以香蕉抹花护果为重点的"香蕉全年植保的标准化操作"视频,并进行了多次田间培训的技术推广,帮助集团显著降低了今年的全部香蕉基地次蕉率,增加约50万斤的高价商品蕉,直接经济效益增加了50多万元。除了抗病苗的种植技术外,我还自己探索学习无人机航拍技术,帮助集团对全年的技术应用效果进行可视化分析，为科学化管理种植提供更多的依据。

驻扎至今，我已完成了300多篇工作日志的撰写，开展了30多场田间培训，培训对象涉及基地管理员、承包户、肥料销售人员，辐射面积上万亩；按照集团要求完成了20余次的国内外参观接待和会议汇报工作，撰写10余篇报刊、微信推文，大大提高了集团影响力。在完成社会服务的同时，我也没有落下科研本职工作，目前我完成了关于香蕉产业和蕉园有机肥调控方面的两篇文章投稿，一篇关于抗病苗种植技术的文章还在撰写中，争取不辜负老师的期望，把文章写在祖国大地上！

而我的这些成长都得益于中国农村专业技术协会、广西科协、中国农业大学、广西大学、广西农业农村厅、广西农科院、南宁市科协、隆安县科协、广西金穗集团给我们搭建的科技小院平台。让我能够有机会接触到不同的作物，了解更多的农业发展前景，也让我更加为自己农业人的身份而自豪。感谢集团的信任，让我接触不同的工作，在全面锻炼个人能力的同时也让我能时刻保持学习的动力。科技小院网络的构建给了我更大的国际视野，让我明白了科技永远是第一生产力，同时团队的共同奋斗，科技小院的互帮互助也让我深刻理解了众人拾柴火焰高的道理。

未来的日子，我也将继续努力，向优秀的师兄师姐们看齐，怀着对农业的热爱，对农民的关心，为乡村产业振兴、农村科技扶贫贡献自己小小的力量！

> **眼前是漫山遍野的灯海，每一盏灯都是黑暗中的精灵，点点灯光串联起来，让示范区化作一个敞开的大舞台，灯光照耀下的一排排火龙果让这片土地变得更加绚丽多彩。我仿佛置身于童话中，在这美妙的灯海里，连语言都变得苍白，我的心情也久久不能平复。**
>
> ——王少群

那些年奉献给"刺美人"的青春

王少群❶

"远看红绣球，近看生柳叶，中间来一刀，豆腐嵌芝麻"，第一次关注到火龙果是我不经意间瞥到师姐写在日志里的这几句诗。不过来到中国农村专业技术协会广西隆安火龙果科技小院后，我发现把"豆腐嵌芝麻"换成"鸭血撒芝麻"更贴切，毕竟白心火龙果已成为过去式，现在是红心火龙果的天下。火龙果属仙人掌科，火红的果皮上镶嵌着龙鳞般的鳞片，美如一朵待放的莲花，犹如一颗燃烧的火球。它不娇贵，耐阴耐贫瘠，山地、平地、坡地、旱地都有它生长的痕迹；它的果肉甜而不腻，放进嘴里，咬一口，冰冰凉凉，味道果然名不虚传。而它的真正价值是在于它的多种功效。越

---

❶ **王少群**，广西隆安火龙果科技小院成员，来自山西省晋中市，25岁，现为中国农业大学资源利用与植物保护专业硕士研究生。

了解，越期待。好在我能来到广西隆安火龙果科技小院，在广西金穗农业集团和科技小院共同搭建的舞台上尽情发光发热。

"壮观，壮观，真壮观"，当我置身于浪湾基地最高点远眺整个隆安县火龙果种植示范区时，忍不住发出声声赞叹。眼前是漫山遍野的灯海，每一盏灯都是黑暗中的精灵，点点灯光串联起来，让示范区化作一个敞开的大舞台，灯光照耀下的一排排火龙果让这片土地变得更加绚丽多彩。我仿佛置身于童话中，在这美妙的灯海里，连语言都变得苍白，我的心情也久久不能平复。万物生长靠光，光是影响植物开花的重要环境因子之一，有了光的照耀，植物才会在特定的季节开花。火龙果是长日照短夜植物，冬春两季日照时间短，作物生长缓慢，很难结果；而利用反季节调控技术，可以让火龙果多生产两批果，这两批果也是全年经济效益最高的果。于是，如何利用反季节调控技术提高火龙果的经济效益，便成了我的研究课题。

补光是火龙果产业的一个大问题。在我进入科技小院以后，企业就把这个难题交给了我。金穗公司的林总看了我的试验设计后，曾向我发问："补光有那么大作用吗？""现在公司已经在补光了，你做这个试验能帮公司省多少钱？"……林总抛出的一串问题让我感受到公司领导对我的不信任。在做补光试验时，整个火龙果行业刚刚起步，补光技术不成熟，单说补什么颜色的光就有好几种方案，有补红色的也有补黄色的甚至蓝色的。挂灯方式也有差别，有在垄间的，也有在垄上的。补光设想也是天马行空，整个行业没有统一的标准，在这样的背景下启动补光试验是一定有价值的。不过没关系，我这人有股不服输的劲，别人越看不上眼我越要做得漂亮。接下来，我的大部分时间都待在火龙果基地里。根据调研结果，我们筛选出了一批合格的光源，也规范了灯光的悬挂位置，唯独不能确定的是补光时长以及开始补光的时间，这在当时的业内也是没有人能明确说出来的，于是也成了我重点关注的问题。火龙果的花朵有夜晚开放，清晨闭合，日出凋谢的特性，因此我经常在白天测定植株的生长量，晚上边赏花边观察火龙果的开花情况。一年多的跟踪监测结果显示，夜间补光4小时对促进火龙果生长的效果最好。6000亩的火龙果基地，原先一晚上补光6个小时大概需要电费2万多元，改成补光4个小时后每天每亩地可以省下7000多元的电费；一个生产周期下来，可以节省一大笔种植成本。这个结果得到了金穗公司卢总的肯定，而这也必然带来一定的应用推广价值。

在科技小院，除了经常参加农业推广活动，解决生产上的技术问题外，组织农民们开展田间培训也是我必不可少的工作。在基地开展培训时，我没少受到质疑，毕竟桐镇作为一个贫困镇，公司很多承包户都是贫困户，在他们心中，"利益"永远至上。你的培训、你的技术，能决定他们今年收成的多少；尤其是在给火龙果打药这一方面，农户们有丰富的经验，很难接受新的打药技术及药水配方。因为一旦没控制好，他们可能血本无归，白白忙碌一年。因此在培训打药之前，我天天求着示范区的管理员们带上我，说是"跟屁虫"一点也不为过。在承包户们打药时，我还时不时去向他们请教问题，在这期间受到的冷眼与嘲笑，可能比我过去一年受到的都多。"你是干什么的？""我是中国农大的研究生""研究生连这点常识都没有啊？"这样的对白早已让我的耳朵起了不少茧子，看似简单，却字字扎入心扉。正式培训的那天晚上更让我感觉到了前所未有的压力。我在上面讲，培训现场的承包户们却你一言我一语，开起了故事分享会，"我这么多年的火龙果生产经验还比不上你的总结吗？"有些承包户甚至听到一半就骑上摩托扬长而去，直言浪费时间。若不是有场长和管理员帮我撑场面，我早就打退堂鼓了。好在我的打药技术培训没有让他们失望，农民是最复杂也是最单纯的；当我的培训对他们的实际生产提供了帮助后，我和他们的关系也发生了微妙的变化。

从质疑与冷眼到信任与微笑，这一切就像一场梦，可这梦的味道，真的有点苦。2020年5月，我开展了一场关于火龙果生态的培训会。可能是准备的幻灯片数量不够的原因，培训会结束后竟然有员工表示自己还没听过瘾，希望以后的培训时间能长一点，还主动要加我为微信好友，建议我创建一个微信群，以后可以向我请教火龙果生产中遇到的问题。或许这就是天道酬勤吧，得益于去年的辛勤培训和及时总结，我开始走出公司，慢慢被大家所接受。然而科技小院的培训生活还没结束，我也通过不断学习，努力创新培训的内容和形式。2020年疫情防控期间，我通过报纸、微信公众号等多种形式开展了火龙果技术的线上推广、科普和答疑。2020年4月底回到科技小院后，我也陆续开展了火龙果田间种植技术和室内养分管理技术等培训活动。入驻科技小院后，无论是开展科研还是服务工作，隆安县科协、政府和金穗集团都给我们提供了许多帮助和支持。在这些力量的共同支持下，我们也和科技小院一起变得越来越强大，从最初的稚嫩一步步走向成熟。借助广西隆安火龙果科技小院这一广阔的舞台，我们协助广西金穗农业集团解决了火龙果种植管理的问题，促进了乡村产业振兴，为实现农业绿色发展贡献了自己的一份力量。

我在科技小院已度过了300多个日日夜夜，成长的岁月里有欢笑有泪水，也有收获。科技小院，一个见证我成长的地方。在这里，我有许多个第一次。第一次接触火龙果、第一次和承包户打交道、第一次做培训、第一次……从刚开始被火龙果的刺扎得满身伤痕，到现在的熟能生巧；从听不懂承包户们谈话的尴尬，到现在的交谈甚欢；从培训时的羞涩与惶恐，到现在的落落大方。在那桐镇这片土地上，我挥洒着汗水，挥洒着青春，即使无法抵抗烈日的灼烧与暴雨的冲刷，即使白皙的皮肤和青春一同逝去无法重拾，但我却未曾后悔过，因为我在这里得到了磨炼。在这一年多的时间里，我与科技小院一起成长着。我不仅融入了三农，体会了农民的劳苦艰辛，还用自己的智慧解决了火龙果的产业难题，促进了火龙果产业的发展。作为新时代的青年人，我认为科技小院我来对了，广西我来对了。在未来的日子里，隆安火龙果科技小院还需要我的建设与付出，我也应当勇敢地站在科技小院这一广阔的舞台中央，用自己的知识和力量，成为有抱负、肯努力、肯奉献的新农人。

中国农村专业技术协会
广西环江油茶科技小院

> 或许这些创业者的年纪有点大，他们也总是感叹以前没有读书的机会，对自己未能进入大学接受高等教育而感到遗憾，但是他们的心中仍怀有梦想，对美好生活也充满了向往。
>
> ——黄恒丁

改变现状

黄恒丁[1]

2019年12月25日，中国农村专业技术协会广西河池环江油茶科技小院在中国农村专业技术协会、广西科学技术协会和广西壮族自治区林业局等单位的支持下揭牌成立。科技小院的顺利挂牌也离不开农牧产业发展研究院周歧伟老师、谢义林老师、孙革老师和环江伍香源食品有限责任公司领导们的努力筹备。作为第一批入驻科技小院实践基地的研究生之一，我感到非常荣幸，压力也随之骤增。我明白科技小院的存在不是让人看热闹的，而是需要每一位参与者的贡献，才能做出真正有意义的事。

环江毛南族自治县是广西的第三大县，其物产丰富，同时还是广西第三大林业大县，是国家扶贫开发工作重点县和自治区深度

---

[1] 黄恒丁，广西环江油茶科技小院成员，来自广西来宾市兴宾区陶邓镇，25岁，现为广西大学农学院微生物学专业硕士研究生。

贫困县。近年来在脱贫攻坚政策的支持下，环江县大力发展林业经济树木，其中油茶、核桃等木本油料树木发展迅速。环江县在油茶种植上推行"公司+基地+合作社+农户（或贫困户）"和"基地带动贫困户"的发展模式，已经实现了规模化和标准化种植。目前环江县已种植油茶近10万亩、覆盖贫困户4000多户。环江伍香源食品有限责任公司是环江县著名企业，目前公司油茶的种植面积达7340亩，其中有2000多亩已进入丰产期。油茶，当地人也叫茶油树，因种子可以榨油而得名，主要生长在中国南方海拔1000米以下的高山及丘陵地带，是中国特有的一种纯天然高级油料作物，主要集中在浙江、江西、河南、湖南、广西五个地区。油茶树的特别之处在于茶油的不饱和脂肪酸含量高达90%，远远高于菜油、花生油和豆油；维生素E含量更是比橄榄油高一倍，还含有山茶苷等特定生理活性物质，具有极高的营养价值。研究表明，油茶饼含有粗蛋白、矿物质、粗脂肪、可溶性糖、易水解多糖和难水解多糖等营养物质，其价值可与米糠媲美，是一种值得开发利用的蛋白质饲料。随着油茶等林业产业的发展，生物有机肥料的供应以及茶油生产过程中产生的果皮、果壳、果仁渣等副产物的综合利用也成为亟待解决的问题。果皮、果壳、果仁渣中含有丰富的蛋白质、纤维素、半纤维素等物质，是制作有机肥的好原料。但由于这些副产物含有较多的茶皂素，对植物的生长不利，而其中的蛋白质、纤维素、半纤维素利用率低，因此可通过微生物发酵将茶皂素降解，将蛋白质、纤维素、半纤维素转化为植物易吸收利用的物质。

　　油茶科技小院的实践基地在广西壮族自治区河池市环江县洛阳镇巴洞村。这是一个已经荒废多年的村庄，不仅四面环山，还有一方山泉水汇聚而成的荷花池。村里仅有一户人家，我暂且称这家的叔叔阿姨为守山大叔和守山阿姨，正是他们在四面的山上开荒，用汗水种下了油茶树。他们在这里种庄稼、养牛、养鸡鸭，还有几只田园犬相伴，条件虽然艰苦但是生活却很美好，大概这也是许多人梦想中的"归园田居"的模样。尽管这里交通闭塞，没有电力资源，手机信号也一般，但既来之则安之，我要在感受乡间淳朴生活的同时好好工作。

  我在科技小院负责的工作是油茶饼的处理，即运用自身所学的专业知识，将有毒物质茶皂素转化为无毒性的物质；我的下一步计划是以处理过的无毒性的油茶饼为原料，生产家禽的饲料，这样既可以将物质循环利用，又可以节约生产成本。在工作期间，我利用专业知识给农民朋友们普及微生物学方面的知识，也学习他们的种植技术和耕作经验，大家相辅相成，一起进步。让人们过上美好生活就是我们的奋斗目标，所以我们首先要了解河池市各区县油茶种植的基本情况，因此我们油茶科技小院的6位同学在老师的带领下，在河池市各地进行了为期半个多月的油茶种植和产业链调研。调研内容包括油茶种植户的种植规模、种植时间和品种、油茶收入以及政府对油茶种植的扶持政策等。同时，我们深入油茶加工企业和大街上的榨油坊了解当地的茶油年产量及加工方式，茶油品牌和消费市场等信息。在与众多农户的沟通交流过程中，我发现了一批优秀的现代农民典范。他们有着超越自身局限性的共同特点，把大胆的想法付诸实践，重视生产技术，敢打敢拼，勇于探索出路，并且最后都取得了成功。例如河池市宜州区石别镇四合村的一位人大代表黄先生，50多岁了还住在大山里创业。虽然仅有中专文凭，但黄先生的思想却达到了很高的层次。他给我们讲述自己从十几岁开始就在外打工，二十余载的打工岁月不仅解决了他的生活所需还存有闲钱，却没有成就感。于是他毅然回到家乡，用手头仅有的21万元和银行贷款承包了上千亩的山头，开荒种树、养猪、养山羊等。这么大的产业一家人管理比较困难，所以他与村里的贫困户签订劳务合同，每年为贫困户带来了一定的经济收入，甚至还帮助他们脱贫。黄先生是最近两年开始在山头上改种油茶树的，他的理想是将油茶做成一套产业链，形成当地特有的山茶油品牌，并带动更多的家乡人民脱贫致富。除了黄先生，其他地区有长远目光的村委书记还带领村民成立了专业合作社。或许这些创业者的年纪有点大，他们也总是感叹以前没有读书的机会，对自己未能进入大学接受高等教育而感到遗憾，但是他们的心中仍怀有梦想，对美好生活也充满了向往。所以我们年轻人更要加倍努力，学习和继承上一代人为改变现状而拼搏的精神；这也给我提供了在科技小院工作的方向——用所学的专业知识帮助他们。

2020年6月，环江油茶科技小院的6位同学和老师对调研报告进行了分析，并设计了试验方案。我们在油茶实践基地随机选取了180株油茶树，每株选择三个枝条统计花芽和果实的数量并做标记，接着配制了6组不同的营养液对油茶树叶面进行喷洒，最后观察花芽、果实的数量和油茶树的生长情况，预期找到影响油茶树花芽和挂果最理想的施肥方案。收获之后，我以榨油剩下的油茶饼中的油茶果皮、果壳、果仁渣（油茶麸）为原料，加入由广西大学和广西南宁佰科特微生物科技有限公司联合研制和生产的生物有机肥发酵菌剂，在控制温度、酸碱度和湿度等条件下进行发酵，制备用于配制油茶专用生物有机肥的原料。最后不仅摸索出最适的发酵工艺条件，还能小规模生产油茶果皮、果壳、果仁渣（油茶麸）等混合发酵样品。这项试验成果倘若能应用到油茶实践基地中，在提升油茶产量的同时还能进行副产物的循环利用，每亩地将为企业节省上千元的成本。

2020年6月9日，河池市科学技术协会的领导们专门来到环江县伍香源食品有限责任公司视察油茶科技小院的工作。广西大学谢义林老师代表科技小院进行了工作汇报，并提出了下一阶段的工作目标。科协领导充分肯定了我们的工作，同时对我们寄予厚望，希望我们将油茶产业做大做强，最后还给我们留下了慰问金，领导的认可让我们对科技小院的未来更加充满信心。

经环江毛南族自治县核验，毛南县在2019年达到了脱贫摘帽标准。这项成就是当地政府和毛南人民多年来艰苦奋斗的结果，这一刻也将被载入史册。普及科学知识，解决生产问题，帮助有想法、勇敢创新的农民实现他们的梦想，帮助公司提高经济效益，响应政府的脱贫行动，奉献自己的微薄之力，是环江油茶科技小院全体成员的奋斗目标。"毛南山乡景色新（咧），欢迎嘉宾常光临（那个）常光临，友好往来日日旺（咧），互惠互利是真金（呀咧）、是真金（咧），柳柳郎咧、咧郎柳啊嘟柳打嘟柳、也呀也呀也也柳郎咧、咧郎柳"仅将我的美好祝福寄托于毛南族特色的迎客歌中，愿毛南族、油茶科技小院和伍香源公司越来越好，"世遗环江，多彩毛南"欢迎世界各地的游客。

> 到了基地，放眼望去，满山的油茶花正竞相绽放，映衬着缕缕阳光，着实让人眼前一亮。漫山流动的素白把冬日的小山装扮得格外漂亮，朵朵繁花迎风怒放。洁白的花瓣，金色的花蕊，团团簇簇，层层叠叠，如雪如玉；在蓝天的映衬下，更是耀眼夺目，美轮美奂。
>
> ——李兰兰

面朝沃土，梦向蓝天

李兰兰[1]

2019年12月19日是我第一次与中国农村专业技术协会广西环江油茶科技小院见面的日子。在我的导师广西大学赖家业老师的带领下，经过数个小时的山路颠簸，我们终于来到了位于广西河池市的环江毛南族自治县，同时也认识了科技小院的另外两位伙伴：黄恒丁师兄和唐志强师兄。吃过晚饭后，我们沿着江边散步，欣赏环江县城的夜景。环江的安静和极致美景与南宁大都市的繁荣相比，透着毛南民族特有的气息。交谈中，我了解到环江毛南族自治县是毛南族的世居地，这里孕育了淳朴好客的毛南族人民。环江县是全国唯一的毛南族自治县，也是广西大县，世界自然遗产地。因其

---

[1] **李兰兰**，广西环江油茶科技小院成员，来自贵州省铜仁市，23岁，现为广西大学林学院生态学专业硕士研究生。

土特产品种丰富，香牛、香猪、香米、香鸭、香菇等"五香"特产名扬区内外，环江县还有"飘香之乡"的美称。最重要的是环江的旅游资源丰富：不仅有"一里挂九梯"的牛角寨瀑布群，"小漓江"之称的长美中洲河，还有江色峡谷和文雅天坑群等生态旅游区，更有木论和九万山两个国家级自然保护区，是国家级生态示范区、全国绿化模范县、中国兰花之乡。

为了长期而稳定地开展工作并为农村和农民服务，在中国农村专业技术协会、广西科学技术协会、广西大学、广西农业农村厅、广西林业局、广西林业科学研究院、河池市科学技术协会、环江县科学技术协会等单位的大力支持下，中国农技协广西环江油茶科技小院正式成立。我也开始了长期入驻科技小院的生活。在开展科学研究的同时，帮助农民解决生产问题，切身感受"三农"实况，培养"三农"情怀，激发服务"三农"的责任感和从事农业科研的使命感，磨炼意志，塑造正确的人生观。我们怀揣着责任和任务来到环江这片土地，深入油茶基地，亲身实践，学习油茶相关的知识。在这一过程中，我们也进行了自我认知，寻找实现自身价值的道路，用青春践行着社会主义核心价值观。

初到环江，我本着入乡随俗的心理锻炼自己待人接物的能力，了解当地文化，融入新生活。环江伍香源食品有限责任公司的韦维董事长对科技小院的学生十分照顾；许义生厂长贴心地为我们购置住宿所需生活用品以及各类学习用品。作为一名基层建设者，在科技小院，我能与农民密切地合作学习，其间收获了许多课堂之外的东西；也更深刻地认识到服务"三农"的重要性，科技小院让我真正感受到了家的温馨。

到环江的第二天，在许义生厂长的带领下，我们前往科技小院的油茶基地考察地况。到了基地，放眼望去，满山的油茶花正竞相绽放，映衬着缕缕阳光，着实让人眼前一亮。漫山流动的素白把冬日的小山装扮得格外漂亮，朵朵繁花迎风怒放。洁白的花瓣，金色的花蕊，团团簇簇，层层叠叠，如雪如玉；在蓝天的映衬下，更是耀眼夺目，美轮美奂。看到这样的美景，我们的心情也跟着变好起来。油茶花的花期很长，从11月份一直到次年3月初都在盛开，现在正是最佳观赏期。黄昏，从油茶林下走过，云霞正好落在山岗，余晖穿过油茶林，最后一抹光亮映射在我的足下，时间仿佛静止了一般。借此美景，广西大学周歧伟老师为我们开展实地授课。通过周老师的讲解，我了解了播种育苗、扦插育苗、嫁接育苗等油茶繁殖方式；选地整地、种苗抚育、修剪整枝等油茶的田间种植管理方式。最常见的油茶病虫害有炭疽病、软腐病、根腐病和象虫等。

2020年6月3日，我再一次启程来到了雅脉的油茶种植示范基地。此次行程的目的是进行油茶的叶面肥喷施，以提高油茶的产量。试验正式实施前，我们先通过查阅文献完善了试验方案，并在广西大学林学院实验室准备好喷施所用的药品。到达雅脉油茶种植基地后，我们林学院3位同学和生科院3位同学分为两个组进行选株定样记录，定样完成后，我们开始配制药剂，最后进行叶面肥喷施。夜幕来临时，黑色布满了山间，我们也完成了90个处理组的叶面肥喷施工作。

尽管环境与条件是有些艰苦的，但是油茶科技小院的学习工作和生活让我们每个人都在不断成长，努力解决问题。也让我深深意识到，我们在扎根农村，和农民以心交心，感受真正接地气的现代农业的同时，应该尽自己最大的努力为农民服务；将技术服务深深地扎进生产一线，解决农业技术服务的"最后一公里"问题。回顾在环江经历的一切，或许没有惊涛骇浪也没有发生震撼人心的事情，但这一切对我来说却是一笔珍贵的财富。

我和科技小院的故事就此拉开序幕，那些藏在我记忆深处的美丽画面，让我昂首阔步地迈向下一年，接下来我将朝着心中向往的那片梦想的蓝天前行！

> 来了这里三次，遇见三种不同的天气，我也见识了环江的不同模样，不管哪一种都很美。这几次我们是以客人的身份来到环江，下一次啊，在某种意义上，我们就是这里的主人了，要自己烹煮饭菜、布置试验了，也为了科技小院能得到更好的发展而努力着。
>
> ——颜妙珍

三顾环江

颜妙珍[1]

从未真正见识过书本中描绘的秀丽山川的我，直到来到广西壮族自治区上学，跟着我的导师广西大学赖家业老师去环江县出差，才有幸领略广西山水的秀丽。沿途的景色尽收眼底，或是鳞次栉比的山川，或是规规整整生长着的树木，喀斯特地貌的秀丽多姿，让我不禁连连赞叹。最初，我对于科技小院设立的目的和意义充满疑惑，也不知道我们到了科技小院可以做些什么。虽然老师给我们发过其他科技小院的介绍和工作日志作为参考，我们也从前辈那里听说了不少中国农技协科技小院的故事。但是"纸上得来终觉浅，绝知此事要躬行"，不到生产一线，无法体会个中滋味，我们对未来

---

[1] **颜妙珍**，广西环江油茶科技小院成员，来自湖南邵阳市邵东县，24岁，现为广西大学林学院风景园林专业硕士研究生。

科技小院的工作依然充满了好奇和疑惑。中国农村专业技术协会广西环江油茶科技小院成立前期,我便跟随老师到科技小院的所在地——广西壮族自治区环江毛南族自治县出差过几次。我在这里经历了几次不同的天气,欣赏了不同天气下环江的美景,也总算见到了科技小院的真面目。

第一次去,天气晴朗。无论是环江县城、水厂山顶、油茶基地,还是在行走的路上,都是一派明媚的模样。看到阳光洒在树林之中,点缀着沿途的景色,我的心情无比舒畅。在雅脉,我们看见了大片的油茶林。原来油茶树是这样的:花朵清丽可爱,不娇不媚。油茶果经过一系列的加工,被榨成清透而充满芳香的油,茶油经灌装贴标,成为我们最终看到的成品。在公司的展示厅里,我们能看到油茶果制成的一系列产品,不仅是茶油,还有护肤、护发、精油等一系列油茶加工产品。厂里的领导们没有一点架子,和我们交流的过程也很愉快。这次出差,我们也将科技小院学生的住宿地点定在了油茶林旁边,方便我们开展试验。初次到环江,心中对于科技小院的印象不再模糊。

第二次去,是阴天。山中小雨绵绵,空气也很清新。小雨让山的轮廓模糊不清,更显青山带着一股柔情,犹如古画一般。我们这次来,主要了解科技小院建设的进展如何,同时和油茶厂沟通,确定一些相关事宜。再过几天环江油茶科技小院就要揭牌了,中国农村专业技术协会、广西科学技术协会、广西大学等领导都会参加揭牌仪式,一想到这,我的内心按捺不住地激动起来。

第三次去,雾气弥漫。环江县的四周都被雾气包裹着,可见度很低。我已经很久没见过这么大的雾了,在油茶示范基地山顶,你甚至不能看见远处的山,身边的人离你稍远一点,便只能听见他的说话声，看不见他的身影。空气湿漉漉的，雾气一碰着展示牌便凝结成水珠，沿着牌子外壁成股流下。听老师们说，这是个汇财宝地：流经这里的水，是当地的源头水，因此这里水土肥沃，青草肥美，鸡鸭也长得很好。要是能再养养牛就好了，厂里领导表示也有这个想法，毕竟天时地利人和，在这种环境下饲养出来的家畜也会更符合当代人的需求。

来了这里三次，遇见三种不同的天气，我也见识了环江的不同模样，不管哪一种都很美。这几次我们是以客人的身份来到环江，下一次啊，在某种意义上，我们就是这里的主人了，要自己烹煮饭菜、布置试验了，也为了科技小院能得到更好的发展而努力着。

虽然学校的课程任务繁重，但是我们在放假之余，也没有暂停科技小院的工作，每位同学都根据各自的计划在逐步进入状态。这个寒假也因为疫情的耽误，而变得格外漫长。对我们来说，疫情结束后的学习任务将会变得更加繁重。本来按照正常的假期，我们能有更多时间熟悉科技小院的工作，但现在能开展试验的时间也缩短了，只能通过阅读大量文献来追赶科技小院的建设进度。即使未来可能会遇到许多困难，我们还是要硬着头皮，迎难而上，努力攻克这些难题。

目前政府为河池市的油茶产业投入了大量资金，鼓励并引导当地农户种植油茶，不仅提供了技术指导，还提供了肥料等物资补助。油茶种植养护管理较简单，收益期长，茶油的收购价格也很不错。河池市较偏远的地区有大量的荒山荒地等着当地人去开垦，政府的这些鼓励措施，不仅可以增加农民的收入，也扩大了绿化面积。总地来说，河池的油茶产业前景还是不错的，但也面临着老油茶林结果率低，产量低等问题，环江油茶科技小院的目标便是解决油茶实际生产遇到的难题。接下来我们将开展油茶叶面肥试验，探讨喷施叶面肥对油茶结果率及果实品质的影响。环江多山，油茶多种植在坡地上，因此给油茶喷药时，我们需要背着药品和药桶到坡地上，一天下来经常腰酸背痛。但只要一想到这是为了环江的油茶产业发展奉献力量，我的双腿就重新充满了力量，何况看到中国农技协科技小院联盟那么多科技小院的同学都能坚持下来，我也一定可以。

在科技小院的学习和生活过程中，我们势必会遇到许多难题，有些可以自己解决，有些需要和老师同学们讨论。经过思维的持续碰撞，我们的能力也会得到相应的锻炼。同时，在和同学们朝夕相处的过程中，我们也产生了深厚的友谊，苦中作乐的经历让我们成为彼此的好朋友。在科技小院的日子，我们也在不断成长。正如老师所说，我们总有一天会步入社会；而科技小院，就是我们正式步入社会前的一个过渡平台。作为第一批入驻中国农技协广西环江油茶科技小院的研究生，我们更要为"后浪"们树立榜样，用知识和汗水浇灌环江油茶科技小院这棵幼苗，在未来的日子里，和环江油茶科技小院一起，在阳光和雨露下茁壮成长。

> 当我看到广西大学新农村农业发展研究院的谢义林老师随身携带剪刀,在田间地头弯着腰指导农户进行油茶修剪,再看看农户们求知的目光,我的心中感触颇多,也希望自己能充分运用所学知识,在未来的日子里为他们做更多的实事。
>
> ——唐志强

资源的综合发酵

唐志强[1]

2019年,广西环江的油茶在环江毛南族自治县的政策扶持下,实施了规模经营、精深加工等举措,进一步完善了环江油茶产业链,不断提高新起点、制定高标准,推动着油茶产业的发展壮大。在此期间,我在我的导师广西大学庞宗文教授的带领下,入驻了中国农村专业技术协会广西环江油茶科技小院。在确定了以发酵工程为研究方向的同时,我还将负责科技小院油茶资源的循环与利用——将油茶生产中的果壳、果皮等副产物发酵成有机肥,提高原料利用效率。

环江自治县是广西壮族自治区排名第三的林业大县,也是国家

---

[1] **唐志强**,广西环江油茶科技小院成员,来自湖南省永州市,24岁,现为广西大学农学院生物工程专业硕士研究生。

扶贫开发工作重点县和自治区深度贫困县。近年来，在国家脱贫攻坚政策的支持下，环江县大力发展林业经济树木，其中油茶、核桃等木本油料树木发展迅速。环江县在油茶种植上推行了"公司+基地+合作社+农户（或贫困户）"和"基地带动贫困户"的发展模式。目前已经实现了规模化、标准化种植，省内油茶种植面积近10万亩，种植油茶的贫困户数量达4000多户。环江油茶科技小院的依托单位——环江县著名企业环江伍香源食品有限责任公司，已栽种油茶7340亩，其中有2000多亩已进入丰产期。这为科技小院的试验开展提供了良好的前提条件，在保证足够样本数的同时，我们还有充足的试验面积。

根据油茶枝条生长季节的不同，油茶枝条可以分为春梢、夏梢和秋梢。春梢的特点是生长快，顶芽封梢较早，顶芽和侧芽都比较充实饱满，且剪截后易发枝，其节数、长度与上一年的树体营养储存情况呈正相关，这些特点也是我们判定采果后追施的肥料能否被油茶树有效吸收的重要依据。春梢也是油茶修剪和选留的重点对象，油茶幼树或者水肥条件较好的成年树的春梢还可以萌发成夏梢和秋梢。夏梢是六月中上旬在春梢上萌发的新枝，顶芽萌发的春梢可以作为枝条的延长头培养。而秋梢则是七月中下旬幼旺树的春梢或在夏梢上萌发的新枝，在硬度、成熟度以及枝条上的芽体饱满程度不如春梢，也不能分化成花芽，且冬季易发生抽条，应该进行及时修剪，避免消耗油茶树的营养，保证油茶花果的生长。

在油茶科技小院的这段时间，我通过观察油茶的生长过程，发现了目前油茶生产所面临的实际问题。科技小院种植出来的油茶整体生长状况较好，美中不足的是在春梢的基础上萌发了夏梢和秋梢，这些徒长的枝条会消耗油茶自身存储的养分，进而影响油茶果的产量，导致油茶果生长缓慢、果实不饱满。在老师们的建议下，我们对科技小院基地内的油茶进行了修剪。对油茶枝条进行适当的修剪可以抑制油茶枝条的过度生长，促进侧枝生长，增加油茶树的开花量，提高油茶花的授粉率，进而提高油茶产量和品质。在抑制油茶营养生长的同时我们还要及时为油茶补充营养。但大量施用化肥，不仅会破坏土壤结构，导致土壤出现板结等问题，还会影响与植物生命活动密切相关的土壤微生物的生存。生物有机肥具有绿色环保等优点，可以为土壤微生物提供适宜的生存环境，有利于土壤结构的保护，是作为油茶养分补充的不二选择。随着油茶等林业产业的发展，生物有机肥料的供应量以及茶油生产过程中产生的果皮、果壳、果仁渣等副产物的综合利用也成了亟待解决的问题。通过养分测定，我们发现油茶果皮、果壳、果仁渣中含有丰富的蛋白质、纤维素和半纤维素等，是制作有机肥的好原料。但是由于含有较多对植物生长不利的茶皂素及难被植物吸收利用的蛋白质、纤维素、半纤维素等生物大分子，这些副产物在油茶加工过程中的利用率很低。

为了将这些资源充分利用起来，我开始了我的试验——利用微生物发酵技术将蛋白质、纤维素、半纤维素等转化为易被植物吸收利用的物质，同时降解茶皂素，提高油茶果的利用率。在油茶果皮、果壳、果仁渣等原料中加入由广西大学和广西南宁佰科特微生物科技有限公司联合研制并生产的生物有机肥发酵菌剂，通过微生物发酵制备油茶专用生物有机肥的原料。为了缩短发酵时间，提高发酵后生物有机肥中生物小分子的密度，我们需要控制发酵的温度、初始酸碱度及原料和水的最佳比例。利用发酵的方法可以提高堆肥的温度，缩短堆肥的时间，还可以有效杀死堆肥中的虫卵。施用经过完全发酵后的生物有机肥，有利于土壤微生物的繁殖，加速土壤有机物的分解，提高油茶根系对土壤养分的吸收利用率，进而促进油茶更好地生长。

现阶段，发酵所用的菌种已在广西大学初步筛选完成。我们找到十几株在70℃温度下生长迅速并能产生蛋白酶的菌株，具体发酵条件还需要进一步优化。发酵堆肥先在伍香源食品有限公司提供的小发酵间内进行，室内温度相对变化小，可以降低初始酸碱度对发酵过程的影响。利用生物有机肥对副产物进行发酵的结果显示，添加菌剂可以明显缩短原料的发酵成熟时间，较没有添加菌剂的样本，添加菌剂发酵后的小分子物质含量更多，且内部基本没有虫卵残留。接下来我们将对发酵后的产物进行堆肥处理，再加工成生物有机肥施用于油茶上，用实践证明以油茶果皮、果壳、果仁渣为原料发酵的堆肥可以促进油茶的生长，有助于油茶林的长远发展。

2020年6月，环江油茶科技小院在广西壮族自治区开展了油茶种植情况调研。调研结果显示，河池市的油茶在种植过程中存在一定比例的劣质苗，出现种苗品质不稳定、部分地区油茶种植密度过大等问题。听完我们对油茶科学种植技术的讲解，部分农户开始降低自家的油茶种植密度，并加大后期管理力度，油茶的品质得到了一定程度地提升，我也因此获得了成就感。而百色市部分县城的油茶种植存在中小型种植户得不到政府支持，需要自己购买种苗，缺乏技术指导等问题。当我看到广西大学新农村农业发展研究院的谢义林老师随身携带剪刀，在田间地头弯着腰指导农户进行油茶修剪，再看看农户们求知的目光，我的心中感触颇多，也希望自己能充分运用所学知识，在未来的日子里为他们做更多的实事。

现在，我开始探寻叶面肥对油茶挂果率、掉果率、花芽存活率以及叶芽存活率的影响，如果喷施叶面肥对油茶果及油茶花叶生长有明显的促进效果，我们将开展油茶叶面肥的推广工作。科技小院为我们提供了广阔的实践舞台，在这里，我们不仅可以深入生产一线，了解当地油茶种植情况，还可以充分结合理论知识与实践经验，解决油茶种植过程中遇到的技术难题，提高油茶品质。通过发酵技术的运用，将油茶资源进行综合利用，为当地油茶种植户节约成本，助力环江县油茶产业振兴，为环江农业发展贡献一份力量。

第三章

畜禽水产养殖类科技小院

中国农村专业技术协会
江西安远蜜蜂科技小院

> 每次和养蜂者谈到移场收获，特别是在大丰收的时候，我便能看到他们脸上那种幸福、满足和骄傲的表情。这种能够感染人的朴实感觉，很美妙。
>
> ——彭成涛

大自然的搬运工——蜜蜂

彭成涛[1]

中国农村专业技术协会江西安远蜜蜂科技小院是在我的导师江西农业大学动科院教授颜伟玉老师和中国农村专业技术协会等各位领导的见证下，于2019年12月正式成立。我是江西农业大学特种经济动物养殖（蜜蜂）专业的一名二年级研究生，我的研究课题是中华蜜蜂的定向选育，目的是培育出优质蜂王。由于外来品种（意大利蜜蜂）的引入，中华蜜蜂在某些方面没有意大利蜜蜂突出，使得现在本土蜜蜂养殖的数量越来越少，需要培育出各种优质蜂种，才能提高中华蜜蜂的竞争力。

育种试验需要大量的蜂群和良好的生长环境，而学校的试验条件却难以满足。基于此，2019年5月，我被学校派到了江西宜春市铜鼓县大塅镇古桥村的冯则眉蜂农处开展试验。一开始，我根本不会养蜂，全都是靠师傅帮忙，不懂的就问他，让他帮我解决，这才

---

[1] **彭成涛**，江西安远蜜蜂科技小院成员，来自江西省上饶市，25岁，本科毕业于宜春学院，现为江西农业大学2018级专业硕士研究生。

让我的试验得以顺利进行。安远蜜蜂科技小院的成立让我了解到江西省安远县的养蜂状况，也了解到他们需要我们实验室发明的免移虫育王技术，以缓解人口老龄化给当地蜜蜂产业带来的困扰，从而提高他们的收入，帮助他们脱贫致富。

到科技小院后，我认识了许多蜂农以及一些蜂产品老板。其间，我们向蜂农请教生产实践经验，提高自己的动手能力；与他们探讨目前养蜂过程中会遇到的问题，以及预防和解决这些问题的方法；询问蜂产品老板们当前的养蜂行情，蜂产品加工成保健品的种类，以及经过加工后，这些保健品还能不能保持原来的效果或者保留多少效果，未来可以研发出什么新的产品等问题。

在科技小院的生活让我感到很充实。每天早上7点多起来吃饭，先处理自己的试验，然后去找养蜂师傅，给他们讲解我们实验室的免移虫技术，让他们了解这个技术的优点——能让他们克服年龄带来的不便，使他们能够更好地养蜂，并对他们进行免移虫技术的培训。其中有位叫朱海涛的师傅，由于养蜂时间不长，朱师傅经常会带着养蜂过程中遇到的问题来请教我们。蜜蜂春繁的时候，我让朱师傅把蜂王的翅膀给剪掉，这样蜂群会分蜂，蜂王飞不走，就不会造成蜂群的损失。虽然蜂王一般能够存活3～5年，但还是让他一年换一次，这样可以让蜂群一直处于高繁殖状态，更利于蜂群发展。养蜂一定要养强群，不能单看蜂群数，只有蜂群强了才能更好地生存。每年摇蜜的时候，一定要选在天晴好和大蜜源期，而且还要给蜜蜂留一半的蜜，若是全部摇掉，蜜蜂会变得容易蜇人，甚至会逃跑。

有空闲的时候我就会去找养蜂师傅，听他们讲以前的养蜂经历，然后将这些有趣的经历分享给没有从事这方面工作的人，让他们对养殖蜜蜂产生兴趣,从而增加养蜂业从业者。交谈中,我也了解到以前的养蜂条件比现在要好很多。以前的蜜源植物种类丰富,恶劣天气少,蜂群疾病少,病毒等对药物的抗性小,蜂群发病容易治愈。而现在有些蜜源植物已经灭绝,天气也因全球变暖变得恶劣起来。例如去年上半年江西省内一直阴雨连绵,但是从7月中旬开始,一直到10月才下雨,导致许多蜜源植物因缺水无法正常流蜜甚至出现死亡的现象,给养蜂者带来了巨大的亏损。此外,以前引进的意大利蜜蜂,其中蜂螨是养蜂者最头疼的疾病,蜂螨已经对许多的治疗药物产生了抗性,这导致蜂群每年都会发生蜂螨且难以控制,造成蜂群的衰弱,从而带来经济损失。听养蜂者讲过去的经历,我不仅了解了蜜蜂产业的发展状况,也体会到了养蜂者的辛苦。有些养蜂者每年都要开着车把蜂箱拉到各个地方去,长期经受风吹日晒雨淋;而有些身处大山的蜂农,由于山上有大量的蜜源植物则不必那么辛苦地拉着蜂群四处转场。

每次和养蜂者谈到移场收获,特别是在大丰收的时候,我便能看到他们脸上那种幸福、满足和骄傲的表情。这种能够感染人的朴实感觉,很美妙。就像有一个师傅讲到在几十年前的冬天,那个时候他打到了一次冬桂蜜,他说这种蜜是蜜中精品。而且这种蜜源流蜜特别多,基本上是今天摇完蜜,明天巢脾就能采满蜜,再过一天就能封盖摇蜜了。这个流蜜期的时长也是一年其他时候的几倍,而且这种蜜非常香,比其他的蜜都好吃。虽然师傅说自己养蜂这么多年就收获过一次冬桂蜜,但他每次说到这件事都非常骄傲,脸上挂满了笑容。看着辛苦的养蜂人在我的帮助下脸上挂满笑容的时候,我更加坚定了自己的信念。不论多坎坷,我都会坚持走下去,努力为乡村振兴尽自己的绵薄之力。

其实对于养蜂者来说，最重要的还是销售。有几个养蜂者和我说，他们那里今年可能会有一些人不再养蜂。因为养蜂比较辛苦，并且最后蜂蜜也卖不出去，就算是价格一降再降，都难以售卖出去，这让他们看不到养蜂的希望。说到这，养蜂者们问我学校能不能建立个平台，帮助蜂农销售蜂蜜，让他们对养蜂能有点盼头，不然每年收获的蜂蜜都卖不出去，他们没有收入，生活也难以维持。于是，我在科技小院的时候就帮助蜂农打广告，把他们的蜂蜜介绍给自己的朋友和同学，让他们帮忙销售点蜂蜜。同时，我也向蜂农介绍淘宝等线上销售工具，让他们了解网购的便利；教他们操作网络工具，宣传推销自己的蜂蜜，帮助他们将蜂蜜更好地销售出去。在我的推广下，蜂农们的蜂蜜销售量大大提高，极大地增加了蜂农们的收入，让他们不用为了销售不出去蜂蜜而发愁。

其实大家都知道，蜜蜂对于农业的重要性——为农作物传花授粉，增加农作物产量，提供天然保健品。爱因斯坦曾说过，"一旦蜜蜂灭绝，人类只能活4年"，尽管这个说法现在看来有些片面，但也足以说明蜜蜂对人类的重要性。但现在养蜂业面临着许多问题，如果我们不能先把这些问题解决，那么我国的养蜂业将难以向前发展。虽然现在的老一辈养蜂者还会因为喜爱而养蜂，养蜂业还未彻底没落，但是等老蜂农们无法继续养蜂，养蜂业不再有新鲜的血液注入时，我们的养蜂业可能真的要走向没落。

蜜蜂的存活状况能够反映自然环境的好坏，在这里，我想呼吁大家保护动物，保护环境，不要到最后无法挽回时才追悔莫及。尽管我在科技小院的日子不久，但是我从那些老一辈养蜂者的身上学到了很多，他们的朴实和勤奋让我坚定了学好养蜂的初心，努力为社会贡献自己的一份力量。

中国农村专业技术协会
江西彭泽虾蟹科技小院

> 在"战斗"的过程中,我们会遇到形形色色的劲敌,比如病害、天气。但是江西彭泽虾蟹科技小院,不是孤军奋战。我们不仅有实力雄厚的技术团队,而且有经验丰富的前辈战友。
>
> ——谭志

彭泽虾蟹的"史诗"

谭志[1]

"奠基"

时光荏苒,白驹过隙,目睹了虾蟹"奋斗史"后,我才意识到这如同一部可歌可泣的诗篇。

中国农村专业技术协会江西彭泽虾蟹科技小院的成立,离不开中国农村专业技术协会的支持。2019年11月14日,中国农村专业技术协会理事长、中国农业大学原校长柯炳生教授莅临彭泽虾蟹科技小院慰问指导。在等待柯理事长到来时,我紧张不已,但当见到柯理事长本人,柯理事长和我亲切地握手时,紧张的感觉瞬间消失

---

[1] **谭志**,江西彭泽虾蟹科技小院成员,来自江西省萍乡市芦溪县,25岁,就读于江西农业大学,专业为水产养殖。

了，我内心不禁开始敬佩慈祥且平易近人的柯理事长。

江西彭泽虾蟹科技小院凭借江西农业大学动物科学技术学院水产养殖系的天然优势，依托九江凯瑞生态农业开发有限公司（简称凯瑞公司），目标是发展好彭泽小龙虾和大闸蟹特色产业。

这里养的虾，是指从美洲经日本传入中国的小龙虾，学名克氏原螯虾；蟹，是指大闸蟹，学名中华绒螯蟹。虾蟹是节肢动物，生长需要蜕壳，每次蜕壳都是一次劫难，堪比破茧成蝶的过程。虾蟹似果树一样，需要精心照顾，才会结出累累硕果。

我和虾蟹，以及科技小院，都在茁壮成长，这离不开中国农技协等支持单位的帮助。成功总是青睐有准备的人。小龙虾这两年行情不好，但还是有养殖户收益很大，比如科技小院跟踪的养殖示范户姚友义。使用科学的管理和销售模式能显著提高小龙虾深加工后带来的附加值，还解决了当地的就业问题等。我们还利用网络直播开启了小龙虾的线上销售，一天的带货量相当于几个星期的销售额。我记得，彭泽虾蟹科技小院一开始只有空荡荡的房间，现在的科技小院已经应有尽有：翔实严谨的展板，舒适、整齐的办公桌、椅子和宿舍。

"孕育"

在"战斗"的过程中，我们会遇到形形色色的劲敌，比如病害、天气。但是江西彭泽虾蟹科技小院，不是孤军奋战。我们不仅有实力雄厚的技术团队，而且有经验丰富的前辈战友。科技小院有广大力量，一方面，科技小院依托九江凯瑞生态农业有限公司，快速搭建基础平台；另一方面，科技小院由江西省科学技术协会、江西农业大学、九江市科学技术协会和彭泽县科学技术协会共建，方便深入基层。

凯瑞公司作为彭泽县全产业链的省级龙头企业，生产的稻、虾、蟹均获得有机产品认证；江西农业大学为科技小院培养农业相关的人才。彭泽县科协前主席林克武，去年退休前，兢兢业业帮助我们建设科技小院；现任彭泽县科协吴意满书记和曹慧华主席，对科技小院的工作，也是尽心尽力。吴书记听说我们没有饮水机，就不辞辛苦地送来一台；曹主席了解到科技小院交通不方便，便不辞辛劳地接送我们往返。

我在江西农业大学动物科学技术学院水产养殖系研究生导师阮记明的指导下，紧张有序地开展科技小院工作，渺小却伟大的征程也随之开始。我们的团队还有江西农业大学陈小荣、王自蕊、彭墨、梁惜梅、李福贵和霍欢欢等专家，他们是科技小院的中流砥柱。

仅我的导师阮记明老师，从2019年10月到2020年6月，就已经开展了5场培训会，给养殖户建立了信心。特别值得一提的是，我们的跟踪养殖示范户姚友义，最先尝到了技术的甜头。姚友义运用我们科技小院提供的发酵麸皮饲喂及土壤改良技术后效果显著。借用他朴实无华的话来说，"虾更大，密度更高，病害更少。" 2020年6月15日，我采用五点梅花取样法采集了姚友义位于塘口的土壤样品，同时记录了天气、水温和坐标等信息，准备进行土壤微生物和重金属的检测。

当然，大多数养殖户处于观望状态。有些思想保守传统的，尽管听说有好技术和好方法，也不愿意使用。比如，水产虾蟹可以用生石灰净水、调节酸碱度和补钙，但是有的养殖户自以为是，不愿意采用。实践是检验真理的唯一标准，通过对比其他养殖塘的情况，得出科学的结果。我们记录了小龙虾产量和用药的情况数据，还会采集水稻样品进行重金属检测。

一花独放不是春。彭泽虾蟹科技小院还运用了"稻谷分解""内增氧""光催化分解"和"水稻富硒"等技术。试点成功后，我们借助凯瑞公司和科技小院平台进行大面积推广。

中国农技协等支持单位为我们提供了很多帮助，包括拨款和购置科技书籍等。滴水之恩，涌泉相报。我们需要为科技小院的建设添砖加瓦，让中国农技协科技小院健康快乐地成长。

"蜕变"

"纸上得来终觉浅，绝知此事要躬行。"以前，我一直待在学校，学习理论知识，只偶尔实习，缺少生产实践。现在，我非常有幸能成为科技小院的一员。在完成科技小院日常工作的同时，我还为养殖户和公司服务。科技小院也改变了沉默寡言的我。在与凯瑞公司员工接触交流中，我变得热情开朗；在担任江西省科技小院联络人的过程中，我进行了资料整理等工作，不知不觉培养了很多良好习惯。

我对陌生的事物，除了好奇，还有些恐惧。一开始，彭泽虾蟹科技小院对我来说是陌生的，只知道这是一种全新的人才培养模式。慢慢认识了一些公司的员工后，我的生活变得丰富起来。凯瑞公司总经理黄千里年轻有为。他不仅帮助完善科技小院的基础设施还向有关领导介绍科技小院，抓住机会宣传科技小院。我认识的养殖户性格也不同，有的养殖户与我们无所不谈，感觉就像亲人一样。我和他们聊天，非常高兴，我也乐意向他们讲解水环境、病害和繁殖的知识。我最近还在帮凯瑞公司管理占地面积50多亩，17个塘口的蟹苗池。在实践中磨炼自己，这也是科技小院培养人才的优势，理论联系实际，科技结合生产。

我有理论知识积累，但是没有养殖经验。借助科技小院平台，我可以请教养殖户；向他们咨询什么时候给虾蟹养殖池加水、投喂饲料等实践知识。有时候理论上简单的操作，比如定时、定量、定点的喂食，实施起来却经常受到交通工具和天气等因素的影响而无法精准实现。

由于经常帮忙接送公司的员工，我的皮肤也开始变得"接地气"，深受当地养殖户的喜欢。我也渐渐培养了艰苦奋斗的精神，以及探索未知世界的勇气。我从前辈的指导中获益颇多，中国农村专业技术协会科技小院联盟研究生联合会会长黄晓曼等前辈也曾鼓励和帮助我完成有关工作，他们以身作则，毫无保留地奉献自己，值得我们每个新人学习。

我有一个梦想，我能成为为人民服务的杰出人才；我有一个梦想，让虾蟹装满结实的渔网，让养殖户的脸上绽放迷人的笑容；我有一个梦想，科技小院未来在华夏大地遍地开放，共同谱写一篇科技小院的"史诗"。

中国农村专业技术协会
四川眉山鹌鹑科技小院

> 科技小院带给我的不仅是专业水平上的提升，更让我在生活上彻底地独立起来，我也从一个完全不会做饭的新手，成了一名勤快的小厨师。
>
> ——何云福

小身体蕴育大智慧

何云福❶

在2019年初夏的一天，我在我的导师四川农业大学杨建东老师的嘱托下，迎着中国农村专业技术协会四川眉山鹌鹑科技小院的召唤，内心忐忑而又充满期待地踏上了前往四川省眉山市的路程。从成都到眉山，对于本科并没有太多实习经历的我来说，无疑是一次全新的经历，说不紧张那是不可能的。对于习惯了学校宿舍生活的我来说，在科技小院生活的体验是前所未有的，生活和工作都必须亲力亲为，这对我来说可谓是一项极大的挑战。

2019年7月初，正是一年中最炎热的时候，我有幸参加了中国农村专业技术协会与科技小院的汇报会议，详细地了解了科技小院作为扶贫攻坚的排头兵应该起到的功能和作用，并聆听了来自全国各地优秀的科技小院学生的事迹汇报。在聆听报告时，我被科技小

---

❶ **何云福**，四川眉山鹌鹑科技小院成员，来自四川省成都市，24岁，本科就读于四川农业大学动物医学专业，现为四川农业大学畜牧专业硕士研究生。

院同学不畏艰难险阻的精神和从无到有的成就所折服；也明白了作为科技小院的一份子，我身上所肩负的责任与义务。在详细地了解了国家扶贫政策和科技小院的运作情况后，我便入驻到了眉山鹌鹑科技小院。考虑到我对眉山地区鹌鹑养殖合作社的情况不熟悉，合作社的陈豫川董事长亲切地告诉我："鉴于你目前对于实际养殖这块还不是很熟悉，你可以先跟着养殖员工熟悉一下养殖流程，在这个过程中你也可以结合自己所学的专业知识去发现并解决一些问题。"于是，我在陈总的建议下开始了科技小院的学习和工作生活。

我的宿舍在眉山鹌鹑养殖合作社种蛋孵化厂旁边，我最先接触的也是鹌鹑的种蛋孵化。整个孵化流程全是由大型的孵化机完成，只需要观察和记录孵化过程温度变化是否正常即可。因为孵化过程中鹌鹑蛋壳内会发生一系列的生化反应，而一个批次能同时孵化上万枚鹌鹑种蛋；其间产生的热量会导致孵化机器内部温度急速升高，如果不及时降温可能使这一批次的种蛋数量损失过半，造成巨额损失，所以温度是孵化过程中最重要的一个环节。其次就是孵化完成后的母鹑选择，因为在鹌鹑养殖过程中，与产蛋的母鹌鹑一同孵化出来的公鹌鹑是没有任何经济利用价值或者说利用价值很低的，所以公鹌鹑一般被挑选出来后就送去喂蛇。至于如何将幼年鹌鹑进行公母分栏，刚开始的我以为会很复杂，要对每只幼鹑进行翻肛操作才能区别开来。等到实际操作时，我才发现可以使用自别雌雄配套系品种，无须翻肛操作，就能根据幼雏外观羽毛颜色进行分栏。黑色的为公鹑，白色的为母鹑，挑选起来非常快捷和方便。

入驻科技小院期间，最令人感到温暖的还是一同驻扎在科技小院，负责孵化的员工龙世友和他的爱人。两人年龄都在六十岁左右，身体还算健朗，他们在科技小院的工作主要是负责鹌鹑种蛋的孵化和运送，很多关于孵化的知识和注意事项我都是向他们请教。龙叔和婶婶在自身工作繁忙的时候还会不辞劳烦，很耐心地给我们解答生产实际遇到的一些问题。有时候龙叔的一句话就令我茅塞顿开，我也经常协助龙叔和婶婶进行鹌鹑选蛋、孵蛋以及选鸟和洗框等工作，尽自己的一点能力减轻他们的工作负担。

  初到科技小院，我对生产一线还很陌生。经过一个饲养周期后，我才发现了不少亟待解决的问题。例如鹌鹑的日常养殖标准混乱不统一，各个养殖场都有一套标准，具体的消毒防腐药和饲料使用顺序也不一致。这些问题直接导致鹌鹑的产蛋量参差不齐，而当地的养殖户却还在一直抱怨自己的养殖利润没有别家高。针对鹌鹑养殖标准的混乱现象，我们与九升食品公司和佳业鹌鹑养殖社的主要领导沟通和探讨了建立标准化养殖模式的可能性，同时运用和推广这一养殖模式。2019年下半年，我们也终于出版了一本指导一线养殖户的工具书——《蛋鹌鹑使用养殖技术》。

  成年鹌鹑夏季的意外死亡率是全年中最高的。这不仅是养殖户的反映，食品公司在制作蛋制品的时候也发现盛夏产的鹌鹑蛋壳脆、蛋稀，质量不高，消费者反响较差。我们在掌握这一信息后，便到眉山地区的各个鹌鹑养殖场进行深入调研和数据采集。大数据分析下，我们发现越是生产效益低的养殖场，室内温度和湿度越是比养殖效益好的养殖场高，养殖场也相对开放。刚开始得到这些结果时，我们没有将温度、湿度和开放程度这几个诱因联系在一起，只是单独地进行分析。随着调查的深入，我们发现鹌鹑意外死亡率高的养殖场都同时具有上述"三高"条件。咨询了杨建东老师后，我了解到可能是鹌鹑对环境的应激性升高导致了死亡率升高。为解决这一难题，我们给养殖场提出了六点建议，分别为：在饲料中添加清热消暑的中草药；加大养殖场排气通风次数；固定每天进厂的饲喂时间和饲喂人员；在养殖场内播放舒缓的轻音乐；提高鹌鹑的每日喂水量；实时监控室内温度，将室温维持在28～32℃之间。建议实施后，我们又进行了动态追踪和数据采集。结果显示，原本鹌鹑生产效益较差的养殖场后来都出现了效益回升的现象，养殖户的反响也特别好。

在鹌鹑科技小院实践过程中，我还提出了利用种用公鹌鹑育肥以提高其经济利用价值的试验猜想，与公司的陈总沟通探讨后，我制定了试验细则。在眉山佳业食品生产公司的大力支持下，我持续开展了近一个月的试验，通过每天记录不同品种公鹌鹑体重相关指数的变化情况，收集并分析了统计数据，为该方法是否可行得出了初步结论，同时探讨了试验过程中产生异常变量的原因，并作出了相应的猜测和解释。在此期间，我将本科所学的理论知识与当地的实际养殖情况相结合，这些为了解决生产实际问题在脑海中一闪而过的灵感直到现在仍然记忆犹新。科技小院带给我的不仅是专业水平上的提升，更让我在生活上彻底地独立起来，我也从一个完全不会做饭的新手，成了一名勤快的小厨师。

小小的身体，大大的能量，鹌鹑虽小巧，却是当地农户致富的宝贝；科技小院虽小，却智慧无穷。2019年，因为科技小院，我从大学的象牙塔走出来，真正实现了社会人的独立。在科技小院一年多的经历与收获让我对自我有了新的认知，对中国目前的鹌鹑养殖业现状有了更清晰的认识，对处在转型之中的中国养殖业有了更强烈而美好的憧憬！

第四章

特殊时期，特殊的我们

中国农村专业技术协会
河北曲周小麦科技小院

受疫情影响,村里许多丰富的节日习俗没能展演出来,但记录非常时期的异乡春节,却也别有韵味。就像村民们所说:"桑坤,你来到这里跟我们一起过春节,就把这里当成是你的第二故乡吧!"我便安下心来,用文字记录下我的第二个故乡的模样。

——桑坤

疫情之下的异乡春节

桑坤❶

异乡春节

2020年1月13日,身在北京的我简单地收拾两件衣服,坐上开往邯郸的高铁,我的寒假田野调查就正式开始了。我的专业是社会学,但我同时也是中国科协下属的中国农村专业技术协会科技小院联盟的一名研究生。此行的目的地是中国农技协在河北曲周县设立的曲周小麦科技小院。走之前我跟导师熊春文教授表达了自己想要去曲周田野点和村里的乡亲们过春节并深度观察他们日常生活的想

---

❶ **桑坤**,河北曲周小麦科技小院成员,来自安徽阜阳,2017年硕士毕业于云南大学民族学专业,现为中国农业大学2017级博士研究生,师从熊春文教授,研究方向为农业社会学、文化人类学。

法。导师表示支持,但叮嘱我要提前跟家里说好,照顾好自己。其实算起来,这是我第二次在田野点过春节了,上一次是2014年在云南怒江傈僳族自治州的小茶腊,而这一次是在河北省邯郸市的曲周县。在人类学的田野工作中,要求你住在那里,建立关系,待上一年的时间可能是一个惯例。在这一年的春夏秋冬周期里,才有可能对当地人生活的各个方面给出一个总体性的描述。

冬季对于华北的农村来说是一个休养生息的时节,庄稼在地里盖着白雪"被子"自由地生长着。忙碌了一年的农民开始在家里准备过年的各种风味美食,去镇上购置各种年货。在外漂泊的年轻人也匆匆赶回家团聚。年里年外的春节也是相亲、结婚、出嫁等各种喜事集中的时段。大家沉浸在新人结连理的喜悦中,期待着新年。而我虽然每天都会关注着武汉疫情的态势,但也跟村民正常生活一样,照常进行着每天的入户访谈。就在大家满心欢喜迎接新年的时候却不曾想迎来的是一场始料未及的疫情。

腊月二十八晚上,朋友圈有关武汉即将封城和口罩缺货的消息炸开了锅。其实前几天我就跟大家说这场疫情可能没有那么简单。但大家都不以为然,位于长江边的武汉对于他们来说太过遥远而陌生,因而对这场病毒的印象仿佛就像非洲的埃博拉病毒一样,远之又远。胜哥说:"不用担心,我们这离武汉比较远,我们村几乎都在本地打工,在外地的不到12人,还都是去北京、石家庄等地。"随着武汉封城,河北出现首例患者、村委会通知封村,大家这才发现疫情可能真的要到来。

腊月二十九。眼看村民们的防护意识不够。我只好独自一人去买些医用口罩、酒精、84消毒液等一系列的防护用品,分给左邻右舍的乡亲们,并叮嘱大家出门的时候一定要戴口罩注意保护自己。

遭遇疫情

从年初二开始,村干部开始在村落的东南西北四个方向轮流值班,把控每天出入村落的人员和数量,并为出入的村民测量体温、消毒登记。支书每天在"喇叭"里面播报三次疫情广播,用村民能够接受的表达方式告诫大家不要串门、不要聚众、勤洗手、戴口罩。每天中午十点、下午三点,村干部都要拉着音响在每个过道播放普通话版本的防疫宣传。村里合作社的工作人员每隔三天志愿开着拖拉机义务为村里面喷洒消毒液。

由于出村的路口太多,村干部人手又不够,村委会在全村招募志愿者协助值班。我报名参加了志愿者,希望可以尽我微弱的力量为村里做些贡献。作为中国农业大学以及中国农技协科技小院的一名研究生,我借这个机会,向大家科普一些疫情知识,并告诉他们正确戴口罩的方法以及不要戴山寨版的N95口罩。

正月十六村里继续加强了防护。政府给检疫点每位值勤的人员配备了防护服。检疫点既是边界也是通道,村民有急事的都从这里出入,所有的生活物资也在这里补给。镇上的商铺还有附近养鸡的散户把鸡蛋、菜蔬、米面油盐等生活物资运到检疫点,待村干部消毒过后,村民们不用出村就可以获取生活必需品。

比起上次的非典,这一次村民们更加懂得如何自我防护了,这当然得益于政府有效的宣传。虽然村落在物理空间上封锁了,但在村民心理上却是敞开的。这也得益于全国层面上有效的隔离措施。虽然无法出去务工,但也是难得的家人团聚时刻。父母趁这个机会与孩子们建立起情感的联系,在一旁跟他们一起上网课。老人们也在这个时候得到了子孙们更多的陪伴。

使命担当

作为中国农业大学与中国农技协科技小院共同培养的大学生,给村民提供相应的防控知识、真实有效的疫情信息以平抚他们内心的恐惧就成了我的任务。每天村民们碰到我都会问起当天的疫情如何。因为疫情信息里数字的变动经常会给他们带来恐慌和不安全感,所以我的解释就显得很有必要。除了在村干部缺人手的时候为他们值班站岗,我把自己购置的医用口罩和一些必需的消毒物品分给一部分没有来得及购置的村民,同时还建立了一个微信群,每天定时给村民们发布一些经过我筛选可靠的疫情信息、防护知识,再通过他们传递给更多的亲戚朋友,让他们对这次疫情有详细的认知和理解。对于科技小院,村民们还是信任的,毕竟作为科学与知识象征的中国农业大学"宿"于乡土间已有四十余载,在村民的心目中也有着举足轻重的地位。

受疫情影响,村里许多丰富的节日习俗没能展演出来,但记录非常时期的异乡春节,却也别有韵味。就像村民们所说:"桑坤,你来到这里跟我们一起过春节,就把这里当成是你的第二故乡吧!"我便安下心来,用文字记录下我的第二故乡的模样。

疫情依然在进行中,正常的社会生活秩序受到了前所未有的影响,但科技小院为农民提供零距离、零时差、零门槛、零费用的农业技术推广和社会服务却并未因此而停滞下来。进入三月份天气逐渐转暖,王庄村的小麦开始返青,初春的田间管理也陆续展开。不少农民或拿着麦苗,或带着麦情照片,或直接拉着我去田里看麦苗出现的新问题,并急切地询问我解决的办法。由于疫情无法按时外出务工,农民的希望似乎都寄托在田里的麦子上。我自然不敢怠慢。虽然我是一名文科生并不懂农学、作物学，更谈不上农业技术推广。但农民会在心里认为"你是中国农业大学科技小院的学生怎么会不懂农业技术呢？"好在我不是单兵作战，作为中国农技协科技小院的研究生，我的背后有强大的技术后盾。遇到一些具体的小麦病情时，我要么在线求助科技小院的老师、学生，要么自己搜索解决办法。在老师、同学的帮助下，在信息传递的过程中，我逐渐掌握了一些基本的小麦田间诊断技术。经过一段时间的积累，我开始明白什么是纹枯病、白粉病，怎样防治条锈病，返青水什么时候浇才合适，以及水肥后移的基本原理。所以一些基本的小麦问题，我都可以正常"出诊"并给出治疗方案。而在与农民互动的过程中，我也逐渐明白土地、庄稼之于农民的特殊意义。

这大半年的科技小院驻村经历给我带来了别样深刻的体验。正如柯炳生教授所说，"科技小院有一种'魔力'，让身处其中的研究生们在为农民服务中成就自己，而不是牺牲自己。在完成自己的学位论文的同时，更能全方位提升自己的人文情怀、吃苦精神、各种实际工作能力等。"我要感谢中国农技协和曲周小麦科技小院给我提供的这样一个平台，使我可以以一种特别的身份走进乡土社会和农民的世界，更使我在其中获得鲜活的体验。

路漫漫其修远兮，吾将上下而求索。作为中国农技协科技小院的研究生，我想我的乡土重建探索之路才刚刚开始！